これで子や孫まで
スレブレニツァで
また暮らせる。ありがとう。

ボスニア紛争悲劇の街、復興支援の記録

大泉 泰雅
OIZUMI Yasumasa

はしがき

　「良い専門家が確保できればプロジェクトは成功する。」かつて上司が言っていた。他力本願だが、それほど的はずれでもないようだ。ある国際機関が、数千もの開発プロジェクトを分析し、その成功要因を調べたところ、多くはプロジェクトのマネジメントに関係していたという。紛争・脆弱国での事業や平和構築支援といった予見性が低い状況下でプロジェクトを実施する場合ではとりわけ協力する側のプロジェクトマネジメントの力量が試される。しかし、どんなに時間を費やして詳細な計画を策定しようとしても無理がある。状況は刻一刻と変化するため、計画が出来上がった時点で既に使い物にならなくなってしまうのだ。必要なのは、プロジェクト全体の青写真を描いてから開始するのではない。小さく始め、試行錯誤を繰り返しながら小さな成功を重ね、最後に青写真を描くアプローチの方が効果的だ、というのが最近の援助潮流での開発アカデミアによる主張である。

　本書が扱うプロジェクトは、ボスニア紛争下で約8,000人ものボシュニャク（ムスリム）住民が虐殺されたスレブレニツァ市において、農業支援を通じて民族融和と紛争復興を進めるという、JICAにとって未曾有の平和構築支援であった。この協力が開始された2005年当時、セルビア住民とボシュニャク住民との隔たりは依然大きく、「融和」という言葉自体がタブーであった。そのような状況下、本書の著者である大泉泰雅専門家がスレブレニツァのスケラニという小さな町に乗り込み、足掛け約8年間暮らし、現地の人々を巻き込みながら「融和」を進めていった。

　当然、事業は容易ではなかった。現地の住民からの脅迫に近い手紙が現地日本大使館宛てに送られたし、毎日のごとく住民は事務所に支援への批判と要望を訴えてきた。本書では、こうした想定外の状況に専門

家がどう考え、どう住民に向き合い、どう解決していったのか、がつぶさに描かれている。また本書では、大泉専門家が持つ国際協力を行ううえでの哲学、姿勢が描かれており、国際協力の教科書としての役割も兼ね備えている。更には、専門家の本音が"ご隠居"と"極楽とんぼ"の会話という形で、随所に挿入されている点も面白い。本書を読むと、大泉専門家が事業を行ううえで現地の人々への配慮や信頼関係の醸成を重視していたことがよくわかる。35年以上も開発現場に携わった「専門家」の言葉は重い。それらの言葉は、決して耳触りの良いことばかりではないが、率直に議論し、より良い支援の在り方を探っていくことが、次世代の開発実務家に求められよう。

　本書は、JICA研究所の「プロジェクト・ヒストリー」シリーズの第24弾である。本「プロジェクト・ヒストリー」シリーズは、JICAが協力したプロジェクトの歴史を、個別具体的な事実を丁寧に追いながら、大局的な観点も失わないように再構築することを狙いとしている。ヒストリーは書く人によって異なる。しかし、それぞれ著者からの重要なメッセージが込められている。民族融和・平和構築をテーマに取り上げたのは、アフガニスタン（第7弾）、スーダン（第8弾）、南スーダン（第23弾）に引き続き4冊目である。同じテーマであっても支援する国の状況によってその形は同じではない。これらを比較してみると新しい発見があるかもしれない。新たな広がりを見せている本シリーズ、是非、一人でも多くの方に手に取ってご一読いただければ幸いである。

JICA研究所長

大野　泉

目次

はじめに……………………………………………………………… 2

プロローグ…………………………………………………………… 9

第1章
二つの民族を平等に支援する………………………… 15
隣人間で憎しみあい将来への希望もないスレブレニツァ……… 17
我々が目指した支援…………………………………………… 17
これでまたこの地で生活できる……………………………… 18
残虐な民族間の殺し合いはなぜ起きたのか………………… 19
国際世論に沿った支援では民族融和できない……………… 20
農業の再開支援が復興への近道だ…………………………… 22
非難覚悟で民族平等支援を進める…………………………… 25
援助はドナーやNGOが一方的に持ってきた ……………… 30

第2章
素顔のスレブレニツァ………………………………… 33
廃墟そのものだったスレブレニツァの街…………………… 35
紛争後、人々の気持ちは各国のドナーによって壊された… 39
スケラニの町、バイナバシュタの街………………………… 44
四季の彩り豊かなスケラニの民家で暮らす………………… 47
記念碑に刻まれた公式虐殺人数8,372………………………… 51
15歳以上の男は捕まれば殺された…………………………… 54

第3章
本音と駆け引きから始まった信頼醸成……………… 57
日本国大使館・JICAに脅しのような忠告が届く…………… 59
コラム① セキュア!!タバコとケーキはやめろ!!…………… 62
事業は市役所との共同事業として行われる………………… 64
印鑑一つ、急ごしらえのNGOと共に ……………………… 66
吹っかけるNGO、かわし育てるJICA……………………… 68

4

8年間、身の危険を感じたことは一度もなかった…………………… 79

　コラム②　運転手のヤスミンは、陸上800mのオリンピック選手 …………… 80

第4章
農業再開を支援する ………………………………………………… 83

　面白いと思ったらやる。難しく考えるな……………………………… 85

　プルーン苗植え付けの支援を開始……………………………………… 87

　ラキア（果実酒）の生産や販売も支援する…………………………… 90

　トラブルの多かった農機の共同利用事業……………………………… 90

　他民族間より激しい同一民族間でのトラブル………………………… 93

　雨除け栽培で品質を変えた温室イチゴと温室野菜生産……………… 97

　野菜の地元生産の道を拓く……………………………………………… 99

　コラム③　温室野菜栽培農家から ………………………………… 101

　　ただ温室を提案しただけで、夏野菜づくりが軌道に乗った…………… 101

　　追いついた。いや、トマトとイチゴは日本を抜いた………………… 102

　コラム④　こんな人もいる／ちょっぴり感動した話 …………………… 103

　　ブナ林に群生する植物を使いハーブの生産加工を開始…………… 106

　　トンネルを利用したマッシュルームの生産………………………… 109

第5章
地域資源を再生・育成する ……………………………………… 113

　みんな養蜂をやりたいけど、お金がないからやれないんだ………… 115

　感謝の念を伝えに来るほどの結果を残すことは難しい……………… 117

　ロゴマーク作成で、本性にかかわる議論ができた…………………… 119

　困難が多い事業が民族融和のきっかけになる………………………… 121

　市場確保のための国境通過は織り込み済みだった…………………… 123

　ラズベリーの生産を本格的に支援……………………………………… 126

　NHKおはようニッポンで紹介された「15年後の仲直り」………… 128

　家畜市場の開設と羊の品質改善事業…………………………………… 130

　放置された牧草地の再生を試みる……………………………………… 134

　蘇った景観。全世帯の2割が草地再生に参加………………………… 136

5

灌漑水の確保も兼ねた水道施設の改修を住民に提案する……………… 140

民族融和の種まきになる幼稚園を開園する……………………… 143

ポトチャリでも開園。3幼稚園の合同遠足・運動会に発展……………… 145

第6章
民族融和・復興支援事業を終えて ……………………… 151

1　想定以上の成果……………………………………… 153

（1）支援を受けた家族数／1家族当たり2.6事業に参加 ……………… 154

（2）住民の収入／大きく伸び、さらなる収入増が見込まれる ……… 157

（3）住民の収入源内訳／我々が支援した事業が主たる収入源に ……… 158

（4）民族共存のために必要と考えるもの／生活を支える経済活動に集中 … 158

（5）心の安定／幸福で将来に希望を抱いている人が多い ……… 159

（6）帰還年／ピークはセルビア住民96年、ボシュニャク住民02年 …… 160

2　何に気づいたか、何を学んだか………………………… 160

（1）専門家には援助の職人的要素も必要だ ……………………… 162

（2）民族融和だからと、特別のことを考える必要はない ……………… 163

（3）現場に常駐せずに援助は不可能、自らの判断で決断 ……………… 163

（4）常に現場を廻れ、新しい発見・変化は現場にある ……………… 163

（5）現地の技術を活用せよ！ ……………………………… 164

（6）ギリギリの線での支援 …………………………………… 164

（7）政府機関を最初から巻き込む ……………………………… 164

（8）ドナーは問題発生時に逃げるな、誠心誠意対応しろ ……………… 164

（9）受益者が表わす小さな感謝、本当の成果はそこにある …………… 165

（10）「生きていける」希望と方向を示すことが、民族融和の第一歩…… 166

エピローグ
スレブレ近況報告！ ………………………………… 167

付記………………………………………………………… 184

　スレブレニツァの虐殺……………………………………… 184

　JICAの復興支援 ………………………………………… 185

真の狙いは民族融和にある………………………………………………… 187

型破り専門家登場………………………………………………………… 189

あとがき…………………………………………………………………… 192

参考文献・資料…………………………………………………………… 194

略語一覧…………………………………………………………………… 194

プロローグ

プロローグ

ボスニア・ヘルツェゴビナ

出所：https://ja.wikipedia.org/wiki/ボスニア

スレブレニツァ市

11

フィリピンのベンゲット州で実施されていた農協プロジェクトの帰国報告会が2005年の7月に開かれ、その報告直後に「次はスレブレニツァの案件に赴任」と聞いた。私（大泉泰雅）*がボスニア・ヘルツェゴビナ（ボスニア）のスレブレニツァという地名を知ったのは、その時が初めてだった。1992年のユーゴスラビアの崩壊後に新たに誕生した国とも知らず、地図を見てバルカン半島に位置する国だと知った。首都がサラエボと知った時には、「たしか冬季オリンピックを開催した都市だけど？」「オリンピックを開催した国に援助が必要なの？」と疑問に思いつつ、この国について情報を探したが、農業をはじめこの国の情報は本当に少なかった。ちょうど岩波ホール（東京都千代田区）でボスニアの紛争を題材にした短編映画が上映されていたので、映画の背景の風景からおおよその情景だけでも知ることができるかと思い観に行ったが、参考になるような景色はなかった。アジアを中心とする途上国の農業や村落開発に参加していた私にとって、東欧の国は未知の地であった。オーストリアやイタリア近くの国で、アジア人とは違うヨーロッパ人を相手に援助ができるだろうか。平和構築、民族融和、紛争復興などという初めて聞くような支援が「果たして俺にできるのか」という一抹の不安と、「ヨーロッパで仕事っていいじゃん」という単純な気持ちが交錯する中、本当に未知の地へ飛び込む心境で8月の末には2週間の調査に出発した。

　支援の対象地となるスレブレニツァは、15世紀から19世紀にかけてオスマン帝国支配下にあった。イスラム教に改宗した南スラブ人の末裔のボシュニャク（ムスリム）住民が、セルビアやボスニアに住むセルビア住民（南スラブ人）により、1995年7月に8,000人以上が虐殺された地であった。しかし、そのような悲惨な事件の発生した地であることも、私は現地に到着するまで知らなかった。1995年と言えばちょうどスリランカの農業普及改善計画に参加し、スリランカの首都コロンボの西方のガンパハ郡で、ヤシ園のヤシの木の間を利用して野菜やパイナップルの栽培試験と作物普及を

行っていた。スリランカでも1960年代からシンハラ民族とタミール民族による内紛が繰り返されており、当時も国立銀行や石油備蓄タンクの爆破をはじめ各地で爆破や紛争が起きていた。我々は重い無線機を携え、治安に神経を使いながら活動していた。当時はインターネットもなく、一週間遅れの日本の新聞が唯一の情報源ではあったが、ベルリンの壁の崩壊やソビエトがロシアに変わったことは知りつつも、バルカン半島の紛争など全く知らなかった。スリランカの後、1996年にはフィリピンの農薬モニタリングシステム改善計画に参加し、1998年にはインドネシアの農業普及研修システム改善計画に、そして2002年からはフィリピンの農協プロジェクトに参加し、2005年7月に帰国した。つまり私がスレブレニツァのプロジェクトに赴任した時は、虐殺事件からすでに10年が経過し、この間に3カ国で4つの支援事業を経験していた。いずれの支援計画も農業や村落開発を目的とした事業であった。

　そのような未知の国へ、2005年8月に国際協力機構（JICA）中東・欧州部長に同行し、調査というより現地の雰囲気を知る程度の感覚で2週間現地を体験した。当時はスレブレニツァへの道路事情は良くなく、宿泊も民家の2階と不便であったが、夏のスレブレニツァはブナ林の深い緑に包まれた本当に自然豊かな所であり、この自然と虐殺のイメージは全く結びつかなかった。その後、2006年3月に始まった支援事業は、2013年11月までの約8年を費やす長期事業で、その成果は私が予想した以上に大きかったが、教訓も多かったと思う。そこで、本書ではこの8年間に実施したJICAによる支援事業を詳細に述べるとともに、スレブレニツァのスケラニという小さな町に8年間根を下ろしたことで見えてきた地域社会の出来事、人々の生活や考え方、そして民族融和や紛争復興への支援についての私の考えも述べたい。

　また、ドリナ川を見下ろす崖っぷちに腰を掛けてスレブレニツァの社会や我々の活動を見ていた『ご隠居＝私』と、スレブレニツァの牧草地の上空

を飛んで見ていた『極楽トンボ＝山岸専門家*』のたわいない会話を"お茶休み"として各所に挿入した。実は私のJICAへの疑問や援助への本音の気持ちをトンボと隠居の会話の中に盛り込んだので、皆さんが援助を考える際の参考になればと思う。この本は様々なテーマ毎に2005年から2013年の間に起きたことを書いたので、時代が前後することもあるのでご理解願いたい。

* 大泉泰雅（私）
　　　〈＝ご隠居〉

　2005年8月のスレブレニツァへの調査から参加し、2013年11月の終了時まで総括を担当した。1975年に青年海外協力隊の農業隊員としてネパールに赴任し、その後も国際協力事業団（当時・現JICA）の農業技術専門家としてネパール、タイ、フィジー、スリランカ、フィリピン、インドネシアの支援事業に参加。その間の海外赴任積算期間は当時で約25年であった。

* 山岸真希専門家
　　　〈＝極楽トンボ〉

　2010年10月にスレブレニツァに赴任。支援事業が終了する2013年11月まで支援活動にあたった。以前は、スリランカのトリンコマリーでの農業支援事業に赴任していた。大泉は、2011年9月からは常駐ではなく、年間4回赴任する専門家としてスレブレニツァを定期的に行き来した。つまり後半2年間は主に山岸専門家が実施し、事業終了へのまとめを行ったのである。彼女は、下宿のお爺さんと共に野菜やラズベリーの農作業を行うことで現地の農業を学んでいた。

第 **1** 章

二つの民族を平等に支援する

隣人間で憎しみあい将来への希望もないスレブレニツァ

　支援を行った家族の一つに、1995年の虐殺で父親と弟を無くし、自らも虐殺から逃れるために25日間ブナ林の中を逃げまわって生き延びた青年がいた。彼は、母親と妻と幼児二人と共にドナーから支給された当座の生活物資を頼りに以前の生活を取り戻す術もなく暮らしていた。スレブレニツァの民家は瓦礫の山と化し、紛争後10年放置された畑や牧草地は灌木林となっていた。最も悲惨な情景は、ボシュニャク住民とセルビア住民が混在して生活するバルカン地方の普通の農村が1992年頃からのユーゴスラビアの崩壊の影響を受けて、他地域の民族からの攻撃に加えて、隣人をお互いに憎み殺害し合う社会になり、1995年7月には8,000人以上のボシュニャック住民が集団虐殺される事件が起きた。そしてこの地域は2000年まで両民族の立ち入り禁止地域となる。このような悲惨な経験をした両民族が再び集落に戻り以前の生活を取り戻すのであるが、資金が無いことも深刻な障害ではあるが、お互いの憎しみ、不信、悲しみを克服して以前のように両民族が普通の生活を取り戻すにも、その方法も解らず希望も持てないのが、2005年にJICAが民族融和と紛争復興を目指した支援を開始した頃のスレブレニツァであった。対応を間違えば再び紛争が起こりかねない状況の中での我々の支援であった。

我々が目指した支援

　2005年頃のドナーからの支援は当座の生活に必要な食料や物資の供給で、住民の将来につながる生活基盤への復興支援はまだ少なかった。荒廃した畑や牧草地を前に将来への生活不安が強く希望も持てないことが、生活を再開する気力も湧かない最大の要因と私は考えた。生活安定への支援が1年遅れれば生活安定や不安解消も1年遅れることになる。そこで事業対象地域の住民すべてが一日でも早く将来の生活への安心と希望につながる支援を実施するべきと考え、彼らの経済自立に不可欠な農

牧業の早期の復興を目指して住民の畑に果樹苗を植え、牧草地の灌木を取り去り耕して牧草の種を蒔き、新しい養蜂箱で養蜂を再開し、新たな野菜生産等の支援を開始した。これらの事業を通じて両民族間の不信感や憎しみが徐々に和らいだ3年後からは、両民族の参加が不可欠な家畜市場の開設、集落内の飲用・灌漑用水道の改修への支援を行い、究極は家族にとって最も愛する幼児を安心して託せる幼稚園の開設への支援であった。この物語の中心はこれら事業を通じて両民族が紛争以前の生活と交流を取り戻す記録である。

これでまたこの地で生活できる

　スレブレニツァでの支援は、当初2006年3月から2年間の予定で開始されたが、2回の延長により、2013年11月まで8年間の長期プロジェクトとなった。そしてこのプロジェクトは次の2点の評価がなされた。一つは紛争で崩壊した中から始めた10以上の事業が住民の収益に結びついたこと、もう一つは事業活動を通じて両民族間の会話が生まれ、民族融和に寄与したことである。スレブレニツァ市のマルキッチ市長*は、「JICAはスレブレニツァの住民に生きる道を示した」と言い、パビロッチ市議会議長は「JICAは住民の意思を変えた」と言った。それも貴重な成果ではあるが、私が考える真なる成果は、山間地のお婆さんが言った「これでまたこの地で子や孫まで生活できる。ありがとう」である。この言葉が発せられるまでの我々が行ったJICAによる支援事業について以下に述べたい。

---

*マルキッチ市長（ボシュニャク住民）

　当時40歳前後の市長。紛争後に実施された最初の住民選挙で選ばれた。彼は理論的行動というより情熱と正義感の強い市長であった。マルキッチが「お前、本当にスケラニに住むの」と真剣な顔で聞いてきた。「そうだよ、何か問題でも」と私が聞き返すと、彼は握

第1章　二つの民族を平等に支援する

手を求め強く私の手を握った。マルキッチは我々の事業に極めて協力的で、我々の事業目的や方法を最も理解していた市民であった。

残虐な民族間の殺し合いはなぜ起きたのか

「冬季を除いて自然環境（気候、降雨、地形、土壌）は農業に極めて適した地域で畜産と作物を組み合わせた農牧業が基本となっている」──2005年8月の調査報告書の要約のトップに私はこう書いている。そして、「世界では自然環境の過酷な地域で必死に生きている人が多いのに、ブナの森林の中に集落が点在し温暖な気候であり適度の降雨の恵みを受けながら、どうして残虐な民族間の殺し合いやアウシュビッツ以来といわれるような虐殺が行われたのか理解できない」とも。この疑問が多少なりとも解けたのは、住民への支援が始まり、スケラニというドリナ川沿いの小さな町に住んでしばらくしてからだった。住民への直接支援を行う事業での出来事や、スレブレニツァの人々の考えや住民間のトラブル、ヨーロッパ各地から一時帰宅する難民の行動や言葉に触れ、過去の歴史までさかのぼることで「避けることができなかった虐殺」であったことを少しは理解できた。

対象地域に深入りする前にこういう基本的な疑問を持つのは大事かもしれませんね。

全く予備知識なしで現地を見たから。俺の過去は自然環境の厳しいところで頑張っている住民相手の支援だったから、自然環境の良いところの人間が虐殺をやるなんて想像できなかったよ。でも、人間って衣食足りて礼節を知るっていうけど、それだけでは人間は幸せに平和に暮らせず、紛争はなくならないって感じたな。

国際世論に沿った支援では民族融和できない

　先の紛争やこの地域の予備知識がないまま、2005年8月よりスレブレニツァ市での調査（プロジェクトの形成調査／2005年8月28日～9月17日）を開始した。市役所、現地のNGO、国連開発計画（UNDP）の事務所などでの聞き取り調査や意見交換よりも、現地を可能な限り見てまわり住民との会話を重視した。市内は、ボシュニャク住民の住居や畑だけでなく、セルビア住民の住居も同様に廃墟になっていた。1995年の8,000人以上の虐殺が強調されてか、先の紛争は、ボシュニャク住民が被害者でセルビア住民が加害者という構図が、国際機関や国際世論によってなされていた。したがって援助も被害者といわれたボシュニャク住民に集中しており、セルビア住民への支援は見当たらなかった。しかし、スレブレニツァ市第二の街のスケラニは、紛争時にはセルビア住民が多く住んでいたことから、1993年のセルビア正教正月の1月6日夜明け前にボシュニャク住民の襲撃を受けた。対岸のバイナバシュタの街へ逃げ込むために橋を渡るセルビア住民が射撃され、60名近くが亡くなっている。この犠牲者を含めて、我々の最初の支援の対象となる5つのMZ（Mjesna Zajednica＝Local community＝地区）で約320名が亡くなっており、この住民犠牲者記念碑がスケラニの教会の脇にある。

スケラニのセルビア住民犠牲者の記念碑

私は、「ボシュニャク住民が被害者、セルビア住民が加害者」という国際世論に沿ったボシュニャク住民のみを対象とした支援では決して民族融和につながらず、民族間の溝をさらに広く深くするだけと考えるようになった。スレブレニツァ市の山間地では両民族が混在して住んでおり、ユーゴスラビアが現在のように分裂する以前は両民族が平和に生活し、農作業の相互協力や宗教儀式にも両民族間で招待を行っていた。このような民族が、ユーゴスラビアの分裂を契機に彼らの心の底に閉ざされていた民族意識が覚醒したというのが先の紛争ではないだろうか。

　　　そうなんですかね。当時中学生だった事務所のドライバーなんて、紛争始まるまで自分の同級生がどっちの民族に属してるかも考えたことなかったって言ってましたよ。

　　　支援事業が始まった2006年頃に40代以上のセルビア住民から聞いたのは、第二次大戦時に彼女のお爺さんはボシュニャクの住民に殺されたと言って、相手の家族まで知っていたよ。こういう話を2回聞いた。この地域は今回のユーゴスラビア崩壊による紛争だけでなく、16世紀のオスマントルコ以前から繰り返された民族紛争や第一次・第二次大戦時も虐殺は起きていたのだよ。つまり40代以上の人なら体験していなくとも、過去の戦争や紛争時の出来事を両親や祖父母から聞いているのだ。ドライバーのヤスミンの年齢なら1984年のサラエボ・オリンピック頃に生まれているだろ。この頃は、ユーゴスラビアが政治も経済も一番安定していた時代じゃないかな？だから、一時的と思うけど民族意識は消えていたか抑えられていたのだよ。それが国の崩壊により不安定な社会になったから、40代以上の住民の記憶が蘇ったのじゃあないか。しかし、両民族の住民と話していると、住民が最も解っていると感じたな。民族が混在した社会で子や孫まで生活をしていくには、隣同士でいがみ合い、会話もなく、助け合いもな

く生きていくことができないことを。でも、彼らではどうしようもない問題
だろうな。

農業の再開支援が復興への近道だ

　そして調査の結論は以下であった。スレブレニツァは、紛争以前は牧畜
を中心とし、加えてトマトやキュウリなどの夏野菜、リンゴ、スモモ類、ラズ
ベリー（イチゴ）などの果樹類の生産が行われていた農業地帯であり、こ
れらの再開が生活復興に最も重要と考えた。いや、これだけ農業に適し
た自然環境は地球上でも多くはないと思う。10年近くの避難生活ではあっ
たが、住民が農業の知識や技術までなくしたとは考えられない。むしろ、
彼らに唯一残ったものは農業技術ではないかと考え、農業の再開への支
援が重要であり、成功の可能性も大きく復興への近道と考えた。また、住
民への直接支援をすぐに必要とする復興支援や最貧困地域では、従来
の詳細調査、設計、試験・試作、研修、実証、普及と段階を踏む手法
では、成果が住民に届くまで最短で2〜3年を要してしまう。住民は気長
に待てないと考え、NGOの協力を得て直接住民へ支援をすぐに実施する
こととした。つまり彼らが農業を再開するに最低限必要な材料や、彼らが
持ち合わせていない技術を支援することを考えた。

　8月の調査の最終日に、スレブレニツァのすべてのNGOへ今後のJICA
の事業方針を説明するためのセミナーを開催した。我々の調査結果と支
援の考えを説明し、NGOには必要とする支援の概略計画を提出してほし
いと依頼した。12団体のNGOに呼びかけたが、集まったのはスケラニに
NGO住所を登録している6団体だけであった。2005年当時はまだスケラニ
地域はボシュニャク住民にとっては近寄りがたい地域であったことから、ス
レブレニツァのボシュニャク系のNGOは、スケラニに事務所を構えた我々に
近寄ることに躊躇したのであろう。同様にスケラニのNGOはスケラニ周辺
での事業には参加するが、スレブレニツァ街周辺の事業には近寄らなかっ

第1章　二つの民族を平等に支援する

た。つまり両地区のNGOは暗黙の了解のもとに住み分けていたのである。しかしJICAは、2010年頃からはスレブレニツァ全域を支援対象とし、我々もまた全域の住民への訪問を始めたことによりスレブレニツァ市街のNGOとの交流が始まり、彼らも事業に参加するようになった。

　　　　　どうしてNGOに依頼したんですか？その時はスレブレニツァ市
　　　　　に提案させるという案はなかったんでしょうか？
　　　　　だって俺が連れていかれた最初の事務所が市役所じゃなくって、NGO Podrinje 1の事務所だった。当然このNGOを相手に行うっていう雰囲気ができていたの。俺が参加する2年前からJICAは調査を実施していたのだけど、その時からPodrinje 1と行動していたの。俺は複数のNGOが存在するのにPodrinje 1だけで支援活動を実施するのはまずいと思って、他のNGOに声かけたの。それと、最初から市役所だと面倒だし、準備されていたNGOを使った方がスタートしやすいということもあった。最初は市役所も協力的ではなかったよ。他のドナー（援助実施機関）がNGOを通して実施していたから、市役所もこれが普通と思ったみたいだ。ドナーから機能していない、能力がないと無視されたような市役所だったから、最初から市役所との協力は難しかったと思うよ。彼らが「JICAは違う」と気づきだして変化したのは、ハーブの加工場ができた頃だから2007年だな。

　2005年の11月頃になるとローカルコンサルタント経由で計画が日本にいた私に送られてきたが、食品加工場1,500万円、肥育牛107頭等合計900万円、養鶏および七面鳥飼育事業1,300万円、配合飼料780万円、ラズベリー（イチゴ）の灌漑140万円、農機の共同利用270万円、温室野菜事業390万円、ハーブ生産加工380万円と、すべてが農機や加工機材や温室、雛など物資の供与依頼であった。

23

こんな提案から始まっていたとは、知らなかったです！お金持っ
てそうな機関が支援に来たらもらえるだけもらおうというのが当
然ですよね。

当時のドナーは物を配るだけだから。彼らも市役所も、技術
協力とか、日本人がスケラニに住み込んで一緒に仕事するな
んて夢にも思っていなかったよ。金持ちの日本が物をくれるぐらいに考
えて金額を大きくしたのだよ。

　無理もないことで、住居、四輪トラクター、耕運機などを無償で個人へ
供与している援助が大半の地域であった。私が目指したのは「住民の努
力を最大限に引き出し、彼らでは不可能な部分への支援」で、その手法
はグループ活動やコミュニティー開発を通じて住民への直接支援を実施す
ると我々は説明したが、理解されずに高額資機材のリストが提出されたの
である。このリストをたたき台に、実現可能な事業の具体化を12月に短期
専門家として赴任した時から開始した。

とはいえ、支援のたたき台がでてきて協力する気がある組織
が存在するってことが、まず第一歩なんでしょうかね。

うん、彼らは協力するというよりお金儲けだけど、俺も全く事情の
分からんところだから彼らを使うしか方法がなかったの。でも彼ら
も不安だったと思うよ。他のドナーと全然違ったから。この地域のNGO
の仕事は、主に食料配布のような単発で短期に終わる仕事だったの。
2010年頃にブランキッツア*が「2年も3年も長期に継続するとは考えな
かった。ハーブの乾燥機材をもらって終わりと思っていた」と言ったから。
彼らの提出した内容は我々のイメージと全然違ったけど、あんまり俺は
気にしなかった。たたき台だから内容は重要じゃないの、たたき台をもと
にいかに良い内容に変えるかだよ。ここに専門家の力量が必要なの。

第1章　二つの民族を平等に支援する

> *NGO Podrinje 1のブランキッツア（セルビア住民）
> 　通称ブラキは33歳、活発で弁が立つ。それに比べて夫はノンビリとブランキッツアの運転手で妻の言いなりであった。暇な時はコーヒーショップでブランキッツアが呼び出すまでトルココーヒーを飲みながら待っていた。彼女はNGOの収入だけで男の子を育てていた。国連難民高等弁務官事務所（UNHCR）から優秀というか真面目なNGOとして能力が認められて、中古の四輪駆動車両を無料でもらっていた。彼女とはその後も良きにつけ悪きにつけ最後までつき合うことになる。感情の浮き沈みの激しい女性で、私と議論して意見が合わないと突然泣いて事務所を出ていくが2〜3日もすると笑顔で来るという楽しい女性であった。ハーブの生産加工事業と婦人たちの公設市場の確保を行った。

　私は楽しくなかったですよ。お二人の痴話喧嘩の後始末、何度することになったか！

　まあ、ブラキとは腐れ縁だったのだよ。でも彼女もかなり辛抱したと思う。俺が赴任する前までは、JICAの仕事全部請け負えるって思っていたのじゃないか？？ それが急遽設立したNGOにも平等に機会を与えたのだから。「私の方がずっと実績があるのに」って思っていたと思うよ。だから爆発したのだよ。

非難覚悟で民族平等支援を進める

　プロジェクトの開始当初はスレブレニツァ市の全19のMZ（地区）のうち、スケラニ周辺の5つのMZを支援対象地域として開始した。この5MZはスケラニ（Skelani）、コストロムッチ（Kostolomch）、セルビツァ（Crvica）、クリニッジ（Krnjici）、トプリツァ（Toplica）である。市役所の記録から、

最も家族数が多いスレブレニツァMZ（スレブレニツァ市街）の家族数を見つけることができなかった。そこでスレブレニツァMZを外した18MZの家族数の変化を見てみたい。紛争が始まった頃の1992年のスレブレニツァ18MZの家族数は6,727家族であったが、その後の資料で18MZすべての家族数が記載されているのは、16年後の2008年で1,950家族数であった。その後の家族数の増減は見られず、2011年でも1,952家族であった。また2011年のスレブレニツァMZの家族数は1,100前後といわれていたので、19MZでは3,052家族前後と推測できる。同様に、2006年に支援を開始した5MZでは1992年時には2,030家族で、紛争後では2005年には401家族、2011年には798家族と年を追うにつれて家族数は回復している。しかし、紛争前の賑やかなスレブレニツァに戻るのにはまだまだ時を要するであろう。民族別の家族数の公式調査は行われていないが、5MZでは我々が独自調査したところ、2005年にはボシュニャク家族は132家族、セルビア家族は269家族であった。

調査結果がなければ数える、という発想が新鮮でした。対象地域が狭かったからできたのかもしれないですけども。

公式に民族別調査を行ったら民族問題に油を注ぐことになるから、市役所はできないよ。でも皆が一番知りたいことであり、我々もこの実数が解らないと支援はできないよ。正確でなくともおおよその数は解らないと。でもスレブレニツァ全体の民族数は最後まで解らんだ。

5MZは明らかにセルビア家族の多い地域であり、ボシュニャク家族は33％に過ぎない。スレブレニツァ全体の資料は入手できなかったが、2010年頃で両民族の割合は同数と私は推定していた。当時スレブレニツァ市で支援を行っていた海外のドナーで、同市街に事務所を置いていたのは、市役所の屋根裏に事務所を構えていたUNDPだけであった。他のド

ナーは、サラエボからスレブレニツァ市街のNGOを通じて支援を実施していた。ドナーがスレブレニツァに事務所を構えスタッフが常駐しなかったのは、治安が良くないことと、生活基盤が整っていなかったからではないか。途上国での生活が長かった私にとっては、多少崩壊した民家でも電気と水道が通っていれば快適であった。2006年頃はまだインターネットは接続されていなかった。

　JICAがスケラニ周辺の5MZを支援対象としたのは、相手側政府からの要請による。2004年頃にはボシュニャク住民が多いスレブレニツァ市街近郊のMZでは、すでに多くのドナーが支援を展開していた。つまりJICAは他のドナーより遅れて支援を開始したのであるが、スケラニを中心とする5MZが援助の真空地帯だったことから、この地域をJICAへ要請したと考えられる。真空地帯の理由はセルビア住民が66％を占めることだ。当時は被害者とされたボシュニャク住民への支援に集中し、セルビア住民への支援はすべてのドナーが真剣に考えていなかった。当初私は「JICAは他のドナーの残り物の貧乏くじを引いたのではないか？」と思ったが、結果はこの地域から支援を開始したことが成功要因の一つだったことは確かである。

　残り物には福があるっていうのは本当かも（不謹慎かな）。

今回は福だったけど、JICAは安全、安全と言って出遅れるの。でも、復興支援では実施対象は重要だよ。当時、スレブレニツァだけでなくボスニアのほぼ全土で支援活動が行われていたよ。でも先の紛争で象徴的な所はスレブレニツァだろ。サラエボでもモスタルでもなくスレブレニツァだろ。それこそ不謹慎だけど、8,000人以上の虐殺が紛争のすべてのようになっている。恐ろしい所としてヨーロッパはもとより世界中に知られている。そのような注目されたところで我々は実施したのだよ。援助の展覧会のように実施されているスレブ

レニツァで成果を出せば当然注目されるの。俺の目標の一つは他のドナーに負けないことだった。彼らと協調なんて全く考えなかった。援助は他のドナーとの競争で仲良しクラブじゃないよ。JICAの事業は日本の税金で行われているのだから、日本も見返りを得て当然だろ。援助の見返りは住民から政府高官までの人々からの儀礼的な感謝じゃなく、本当に心から感謝されることだよ。それがお婆さんの「これでまたこの地で子や孫まで生活できる。ありがとう」だ。この言葉がスレブレニツァ全体から聞こえることが支援事業の目標の一つだよ。いや、この言葉を聞くためには他の目標を達成しなければならないんだよ。

　もしも、我々もスレブレニツァの街周辺を支援対象としていたら、ボシュニャク住民への支援を行い、両民族への平等支援は考えなかったであろう。スケラニを中心とする5MZは、セルビア家族が多く住む中にボシュニャク家族が散在している状況であったからこそ両民族への支援を思いつき、また実施できたと考える。現実問題、この民族割合の中で少数住民のボシュニャク住民だけを支援することは不可能であった。政府の難民省からはボシュニャク住民への支援を強く要望されたが、当地の事情から偏った支援は民族融和に反する支援になると考えた。私は、ボシュニャク住民への支援が当然と思われているスレブレニツァで平等支援を掲げれば、政府やボシュニャク住民から非難されるかと心配したが、「非難されても民族融和に結びつかない支援は行えない」と決心し、「非難されれば俺は帰ればいいよ」と覚悟して、スケラニのNGOと事業内容の詳細計画を作り始めた。

　　　　この覚悟を決められることが重要ですよね。自分の食い扶持を
　　　　確保しないと、という意識が先にあると信念をもった支援はできない。

俺はいつでもそう。ダメなら実家のある鈴鹿市で百姓したらいい。カミさんは助産師だから働いてくれるだろうと。まあ、俺には逃げ道があったからも。でもカミさんが助産師に復帰することなかったな。

　2006年の1月には、NGOに対し、援助を受ける受益者数が可能な限り両民族同じ数字になるように、もしもNGOが受益者に差別をつけるようなことがあれば、そのNGOとは協力しないとはっきりと宣言した。その後現地では、住民や地方政府から平等支援を批判されたことは一度もなく、「JICAは平等、他のドナーと違う」と政府も住民も気づくようになった。事業が成果を生みJICAの支援が評判になる2010年頃になると、ほかのドナーも両民族への支援や、セルビア住民が多く住んでいた5MZでも支援を始めた。JICAはこの地域でのボシュニャク住民への支援という既成概念を変え、両民族への支援が民族融和につながることを実証したのである。プロジェクトが終了時に近づいた頃、あるセルビア住民が「両民族平等支援」とあなたは言ったが「そんなことできないだろ。うそだろ」と思っていたが、本当に両民族へ支援を行いそれが成功したのに驚いていると言った。

民族間の信頼醸成に効く支援は、こうやって対象住民に溶け込む形で住んで、毎日率直な意見交換をしてたからできたんでしょうね。遠隔ではできない技だと思います。

この本の結論のような議論になるけどまあいいか。我々が緩衝材であり磁石だったの。事業を題材に両民族を引きつけたのだよ。事業を通じて会話網を作ったから。両者への平等支援、事業の活性により必然的に生まれた両者の共同作業、それにJICAの現地密着対応や協力姿勢の結果だよ。つまり活動を通して磁石（JICA）

の周りに両民族が引きつけられて民族融和が徐々に進んだのじゃない
か。紛争後、確かに多くの援助がこの地域にもたらされてきた。大部
分は民族融和を掲げた事業だけど、物資・金が投入されただけでド
ナーが磁石的存在になることは無かった。これはライオンと虎が住ん
でいる檻に肉を放り投げているのと変わらん援助だよ。それもライオン
だけが食べるように投げ込んでいた。檻の中では民族融和じゃなく無
言の喧嘩のもとになっている。援助って単なる技術移転や開発技術
じゃないよ。事業を通じて相手側の意識が変わるかだよ。また技術協
力には人の心を変える力があると思うな。援助の哲学のようなものがあ
るのじゃないかな。うまく説明できないけれど。

援助はドナーやNGOが一方的に持ってきた

　セルビツァMZにおいては、初年度の3月に果樹苗3,000株が植えられ、
2007年の夏には日本のイチゴやトマトに見劣りしない高品質の作物が生産
された。こうした実績から農業による経済復興が有望と判断されるととも
に、事業を通じてボシュニャク住民とセルビア住民間に会話の雰囲気が生
まれつつあった。また支援が進むにつれて市役所や住民からの支援地域
の拡大の要望が強くなり、遠くのMZ住民までもが事務所へ直接要望して
くるようになった。2005年の開始時は5MZであった支援地域は2008年に
12MZに拡大し、2011年から2013年の終了時までにスレブレニツァ市全域
の19MZで支援が展開された。

　たとえボシュニャク住民が被害者と位置づけられていると言っても、両民
族が家を失い、牧草地は荒地し、家族の一員を亡くしていることに変わり
はない。紛争はスレブレニツァから発生したのではなく、他地域からの「紛
争のもらい火」的な要素もある。セルビア住民にとって、一方的に加害者
という烙印を押されたことは受け入れられないのである。またボシュニャク住
民も、自分たちだけ多くの支援を受けてセルビア住民は支援を受けられな

支援事業対象地域の推移

いような差別的支援では、民族融和以前に隣人との仲直りもできないのである。このことをボシュニャク住民に話すと「我々は決して援助を要求したことはない。ドナーやNGOが一方的に持ってきた」と話した。これではいくら支援しても民族融和には繋がらない。おそらくドナーも、市役所も、政府も支援を疑問に思っていたが、発言すれば再度紛争が起きないかと不安で何も言えない社会だったのではないか。我々が現地でも高く評価されたのは、各事業が彼らの生活再建へ寄与したことへの評価でもあるが、両民族への平等支援であったことが最も感謝されているのではないか。

　そして自分の政治的立場も考えると、自分と異なる民族への支援は難しかったのかもしれませんね。

　仲良くすれば文句を言われていたからな。ヨーロッパへ避難しそのままヨーロッパに住んでいる隣人が、夏休みで帰って来ると住民に言うのだって。「どうしてセルビア住民と仲良くしているのだ

31

よ」って。それにボシュニャク住民への支援はすごかったよ。当時ヨーロッパ各地から夏休みを利用して、トラックに中古の家具からスプーンまであらゆるものを積載して、スレブレニツァの山中のボシュニャク住民の集落だけに来るの。日本でもまだ使える物でも捨てるだろ。我々にとってはゴミだけどまだまだ使える物を持ってくるの。ドイツ人のトラックの運ちゃんに聞いたら、1年かけて集めるのだって。そして夏休みにトラックに満載して集落を廻って皆に配っているのだって。まあ、感心する。なかなかできることじゃないよ。いいトラックの運ちゃんだよ。それにすべてを無くした住民にとっては便利なものばかりで、ドナーの援助より重宝がられていることもあった。ベッドからソファーからおもちゃから、おばあちゃんの眼鏡から枕カバーからスプーン1本まですべて貰い物で、もらった住民に「あんたの家で買ったものあるのか」と聞けば「ない」と言っていた。これで良いのかと疑問に思ったな。ソファーなんかアンティークで、俺なんて日本へ持って行きたかったくらい。「ほしい」と言ったら「持っていけ」っていったよ。それにボシュニャク住民は、紛争で家族を亡くしていると恩給みたいなのが支給されていただろ。この額が半端じゃなくて、この金に頼ってあんまり仕事をしないのだよ。二人亡くしたおばあちゃんの金額は、スケラニ小学校の先生と同額くらいだった。日本で親の年金に頼っている子供たちがいるだろ。同じようなことが起きていた。詳しくは後半で話すよ。ここで全部話すと後半を読んでもらえないよ。

第2章

素顔のスレブレニツァ

廃墟そのものだったスレブレニツァの街

　スレブレニツァは、スレブレニツァ市の市役所が置かれた市の中心の街である。スレブレニツァとは銀鉱山を意味し、AD（紀元後）300年代のローマ帝国時代から1992年まで、銀、金、亜鉛などの採掘がおこなわれていた。私が初めて訪問した2005年8月頃は、苛烈な民族紛争の傷跡がいたる所に残っていた。

　ボスニアの首都サラエボのスパイナー通りと呼ばれたメイン道路両側には、ユーゴスラビア時代に建てられた古びた高層アパートがあったが、ハチの巣という形容がぴったりなほどに銃弾痕跡で覆われていた。しかし、銃痕と市の崩れた図書館以外には平穏な街という印象で、人々も普通の生活をしているように見えた。サラエボから国道M18・M19を約3時間東北に向かい、チュリチよりR454を約40分南東に向かうとブラトナッツへ到着する。道中の街の風景は銃弾痕もなく、平和なブナの森林と農牧地が続く。ブラトナッツの町は紛争時のセルビア側の拠点であったが、この街も廃墟のような家屋や銃弾痕は見られず、今もセルビア住民の多い地域である。この町から約5分南下すると小川を渡るが、この小川を境にボシュニャク住民とセルビア住民がにらみ合っていた。そして1分も進むと、虐殺されたボシュニャク住民約8,000人が埋葬されているポトチャリの記念墓地や、ボシュニャク住民が隔離されていたバッテリー工場跡を通過。多くの住民が亡くなった病院と郵便局、ガソリンスタンドを通って5分もすると、山間地の小さなスレブレニツァの街に到着する。

　今ではサラエボから約4時間の道のりである。プロジェクトの事務所が設けられたスケラニは、スレブレニツァの街よりさらに約40km西方、峠超えの山道の先のドリナ川沿いの小さな町であった。スレブレニツァの街より約20kmの峠までは舗装されていたが、その先は未舗装の林道であった。この道がスレブレニツァの一本道の主要道路で、各集落へは悪路が枝分かれしていた。この道は2007年に両民族が待ちに待っていた舗装道路に変

貌するが、その開通式典時にもボシュニャク住民が式典をボイコットするという民族間のトラブルが見られ、2008年頃までは些細・陰湿な両民族のトラブルが絶えなかった。

2011年頃のスレブレニツァの雰囲気とはかなり違いますね。

この道の開通式は2007年9月23日にスケラニで行われたのだよ。道には「ドリナ川は国境の川ではない」と大断幕が掲げられたのだよ。つまりセルビア住民によるボスニアのセルビアからの分離独立への反対意思表示だった。しかしこの表現も良く考えたなあって思った。名文標語だよ。ここまでは当時では普通の出来事だった。問題は道の開通式に合わせて、セルビア住民がスケラニ正教教会の開寺式を急遽行ったの。道の開通式にはボシュニャクの市長がテープカットを行ったけど、ボシュニャク住民は式典には誰も出なかった。その後、道の開通式パーティー会場は我々の事務所の隣の民家の庭で、約150m離れた所の寺院の敷地に開寺式パーティー会場が設けられ、パーティー時間は少しずらしたけれど道の開通式パーティー会場に人は集まらなかったよ。道の開通式を両民族で祝えば民族融和が大きく前進すると期待したが逆効果だった。この頃のスレブレニツァはこのような社会。でもセルビア住民が式典を合わせたのは、首相や政府要人が出席したから、教会の式典を合わせたのも事実。彼らなりにパーティー時間をずらす配慮はしたけど、もうちょっと気を使えよっていう感じ。一つ興味があったことは、教会の開寺でのテープカットを誰が行うかは、オークションで決まり名前は末永く刻まれるの。このテープカットの代金は8,000ユーロ（約100万円）って皆が言っていた。本当ならすごい金額だな。

2006年頃のスレブレニツァの街はまさに廃墟という形容がふさわしい状態で、改修が始まった家屋はまだ少なく道筋には崩壊した家屋が並んでいた。夜間にクルマで街を通過すると、裸電球が4～5個灯る中に廃墟が浮かび上がる、正に怖い、恐ろしいと感じる街であった。また、スレブレニツァの街よりスケラニまでの2時間の峠超えの道端には、土で覆われ20cm程度高くなった所があった。トラックやトラクターの荷台で運ばれたボシュニャク住民がここで銃殺され、遺体が埋められたという。

スレブレニツァの街（2005年8月）

　もちろん場所の特定は公には行っていないが、その場所は周辺に比べて灌木や雑草が短い。私は「ここも悲しい場所かな」と思いつつ通過していた。2008年にその一つの掘り返し調査が実施された。20cmの深さを掘り返すと、本当に朽ちかけた衣類の切れ端や靴が現れた。掘り返し現場には警官が立ち、車のスピードを落とすと「行け、行け」と手を振り先を促された。昼間でも車の通行量は極めて少なく、ましてや夜間のスレブレニツァの町や森林地帯を通過するのは決して気持ちが良いものではなかった。それでも町は少しづつ復興し、2013年には崩壊した家屋も無くなり、スーパーマーケットも開店。コーヒーショップは両民族の住民で賑わうようになり、夜遅くまで地酒のラキアを飲みながら賑わうようになった。

スーパーマーケットと後方は市役所

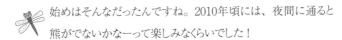 始めはそんなだったんですね。2010年頃には、夜間に通ると熊がでないかなーって楽しみなくらいでした！

夜中にポトチャリの集団墓地、住民が虐殺されるまで隔離されていたバッテリー工場の廃墟、多くの人が死んでいった病院、そしてスレブレニツァの街を通過するのは気持ち悪かったよ。街の復旧のスピードは速かったとは言えないけど、いつの間にか廃墟がなくなりホテルの建設が始まり、肉屋や金物屋が開店し、2011年頃にスーパーができた。でも、俺が本当に復興を感じたのは、2012年の春に窓辺に飾るベゴニアやガーベラなどの草花の植木鉢が売られた時だったな。「ああ住民も夏のヨーロッパの街角の風景のように、窓辺に花を飾る余裕が出てきたのだなあ」って感じたよ。1995年から17年後だよ。いかに紛争が起こると元の生活に心身ともに戻すのが大変だということだよ。この街へ来た時の楽しみは、Kodo Omeraという食堂でバルカン肉料理を食べることだった。ここの夫婦は2000年にレストランを再開したの。開店時には両民族の旧友がお祝いに来てくれたのだって。街で唯一の食堂だったから、国際関係や各国の要人がスレブレニツァを訪問した時にはこの食堂で昼食を食べている。壁には世

界の要人の写真がいっぱい掛けてある。客が写真を持ってきて掛けていくのだって。俺は赴任地に自分の写真や足跡は残さないのだけれど、今回は夫婦と一緒に写真を撮って壁に掛けてきた。これで俺も世界の要人仲間だよ。スレブレニツァへ行かれたらこの食堂で羊の内臓の煮込みを食べて、私の写真を見てくださいな。

奥が庇屋根の小さな食堂

レストランの夫婦と

紛争後、人々の気持ちは各国のドナーによって壊された

1995年の虐殺事件後、スレブレニツァ山間地域では両民族が近づくことが厳しく制限され、2000年に住民帰還が許された。我々が訪ねた時は帰還開始後5年を経過していたが、山間地域には窓枠すら残らず、レンガや石の山と化した民家の廃墟が広がっていた。それでも山間地の住民は、ドナーから支給されたビニールシートで雨露をしのぎ、支給された小麦粉でパンを焼き、わずかばかりの家庭菜園を行っていた。ドナーが集落を訪れ、住居やトラクターなどの生活物資や農業資材を支援するのを待つために住んでいる、というのが実情であった。時折NGOやドナーが訪れると住民は紛争時の経験を話し、ドナーはそれを興味深く聞きながら支援内容を探していた。我々が訪問すると周辺の住民も集まり、「何をもらえるか」

スレブレニツァからスケラニへの峠のクラチッチの郵便局痕。紛争時は両民族がここで対峙していた

と期待するが、具体的な物資の名前が出ないとわかるとガッカリしてビニールテントへ戻るという生活であった。もちろん彼らを非難することはできない。彼らは自ら努力しようにも、当座の食糧は届くが、家の修復や農作業を自ら行う資金も道具も材料もない状態であった。それでもボシュニャク住民の家の再建は援助により少しずつ始まっていた。

2006年までに再建された住居の中には、紛争後にはとても似つかない日本式に言えば5LDKに匹敵する、2階建てのオレンジ色瓦に白壁の家が約40戸あった。この5LDKの住居は、国際機関や各国からの支援が本格化する前の2004年頃までに訪れたヨーロッパの人が、現地の文化も実情も考

1軒の家ではおばあちゃん一人が2階に住み、1階には羊が3頭いた

慮せずに単なる「気の毒」という感情から支援した結果のようである。このような援助はあまりにも不公平だから、民族間だけでなく同じ民族の住民間でもトラブルになる。その隣には支給されたビニールシート生活の住民も存在し、同じ民族間でも運不運により復興には差が見られた。「この地域は、紛争で家屋や牧草地が破壊され家族は殺された。紛争後は、各国のドナーによって人々の気持ちを壊された」と住民は言ったがその言葉は理解できた。

私たち支援する側は、支援が自己満足になってないか、常に自問自答しないと駄目ですね。

俺も1975年の協力隊からだけど、大半は自己満足だったかも。だから俺も言うだろ。「この支援を行ったら相手側はどう考えるだろう？ 俺ならどう思うだろ？」って常に考えろって。ネパールにいた時に、我々が農家に大根の種をあげても「ありがとう」って言わないのだよ。最初「ムカー」とした。でも彼らが言ったよ「あなたたちは人を助ける立場の人ですよ。幸せで感謝するのはあなた達というのがヒンズーの教えですよ」これで俺も目が覚めたよ。だから我々の態度というか彼らへの気遣いは重要なの。常に相手の反応や心の中を見るぐらいに注意しないといかんのだよ。援助されて喜ぶ奴はいないよ。「ありがとう」って言ってくれるけれど、内心は悔しいと思うよ。我々は平和で豊かな日本に生まれたことを気づくべきだよ。もしも俺がスレブレニツァに生まれていたら、紛争で死んでいたか、反対に殺していたよ。援助はまじめに誠心誠意に実施が基本の基本だよ。だから援助は単なる経済支援ではなく哲学と思うの。

相手国の高官や年配の人たちが、恵まれた国から来た若い専門家に支援をお願いする気持ってちょっと想像できないですよね。悔しくても実を採るために我慢する、そんなところでしょうか。支援の予算もってるからって驕らないようにしないと。

2006年頃からは、国際機関や各国からNGO等を通じて支援される住宅は、住民に資金を渡しその建設の進捗を確認して次の資金を段階的に渡す方式が主流となった。住民は自由に建てられるが支援される金額には限度があるため、バルカンの普通の農家住宅規模の家が建ち始めた。この地域の山間地では、冬季には氷点下20度以下の厳寒地域が大半で、積雪も1m以上積もり春まで溶けない。ボスニアに降る雪は湿り気が無くべとつかないサラサラした雪で、サラエボで冬季オリンピックが開催されたことが理解できる。紛争当時は生活物資をヘリコプターから投下した地域である。春から秋まで援助を待った住民は、ブナ林が黄色一色に変わる11月になると、避難地であるサラエボやツヅラの避難キャンプへ戻る生活を行っていた。これら住民は老夫婦が多く、若い家族は避難地ですでに職を得ており、このことが帰還を難しくもしていた。

　紛争以前は30家族が住んでいたトプリツァMZのプリビドリ集落も、2005年8月に帰還していたのは8軒の老夫婦で、大半の住居は崩壊したまま放置されていた。我々は2006年の春からイチゴ栽培、果樹苗木、養蜂の支援を行っていた。果たして帰還が順調に進むのか懸念したが、1年半たった2007年9月には10家族に増えて3戸のレンガ家屋が完成し、2戸が建築中であった。

2005年8月のプリビドリ集落の老夫婦たち

特筆すべきは、若い家族の帰還も始まり、小学2・3年生の3人の子供が新学期からトプリツァMZの小学校へ通い始めたことだ。2kmの林道を歩いてそれからスレブレニツァ方向へ3kmの道のりを通っていた。私が8時頃通ると小さな手を振って車を止めるので、学校まで乗せることもあった。小さな子供が森の中でヒッチハイクできるのは日常の治安の良さの証ではないか。このようにスレブレニツァの山間地では、少しずつではあるが住民の帰還と定住が進んでいた。

　以上はボシュニャク住民の情景である。これに対してセルビア住民の多くは、スケラニの対岸のセルビア国側のバイナバシュタに避難して、アパート生活の住民が多かった。もちろん家賃の支援などなかった。毎日アパートから通いで山へ農作業に来て、彼らは援助を期待できないと諦めてか、自ら少しずつではあるが住居を修復し、わずかな畑を耕して野菜を栽培して、バイナバシュタへ持ち帰る生活を送っていた。

　私はシェリ・フィンク著（中谷和男訳）『手術の前に死んでくれたら』（アスペクト、2004年）を読みながら各村を見て廻った。この本はスレブレニツァの街がボシュニャク住民の避難所になり、街がセルビア住民側の軍によって陥落するまでをスレブレニツァの病院の医師の活動を中心に記したものだ。各地の集落での銃撃戦や略奪の事件が詳細に記録されている。この本に現れる集落を訪問した時には、本の中で述べられている紛争時の悲惨な出来事と現実の廃墟や住民を前にして、ますますこの地域での悲惨な事件が強烈に実感となって迫ってきた。両民族の暗い表情や、お互いに近づくことすら避け合って警戒して住む生活の厳しさを、少しずつ理解し始めた。農業に適した自然環境にもかかわらず、民族問題の怖さや悲惨さの中で生きるスレブレニツァの人と、ネパール山間僻地の過酷な自然環境と貧困の中、毎日満足な食事もできず、病気になっても病院にも行けず、ヒマラヤの麓で一生を終える住民──「どっちが悲惨か」と考えたがいまだに結論は出ていない。私は、アウシュビッツの再来とも表現

されたこのスレブレニツァで支援活動を展開することへの重大さと責任を感じ、「果たして俺にできるだろうか？」と不安に思い、反して「これは俺の30年間の技術協力人生の集大成になる」とがぜんやる気が湧いてきたのも事実だった。民族融和も紛争復興の知識もなく、地雷弾も初めて見る無知の状態からの出発であった。

 こんなふうに思うこともあったんですね！

 俺も多少はまじめな部分もある。

スケラニの町、バイナバシュタの街

　スケラニとバイナバシュタ―両街はドリナ川を国境として両岸に位置する街である。バイナバシュタは人口約9,000人（2011年）のセルビア国内の中規模の街で、ホテル、商店、市場が多い商業の街である。ベオグラードからバスで約4時間の距離にある。スケラニの町はドリナ川を挟んだ対岸に位置し、両街の間には古い鉄橋がかかっている。ユーゴスラビア時代のスケラニの町はバイナバシュタ郊外の村に過ぎなかったが、今ではボス

スケラニの街と後方はバイナバシュタ

ニア側の国境の約100家族が住む小さな町となった。

　スケラニの町は、スレブレニツァ市ではスレブレニツァの街の次に大きな町というか、そのほかに町といえる集落は無かった。2006年頃は、スケラニには正教会寺院、イスラム教寺院、市役所分所、小学校（先生約10名、生徒約50人）、警察署（警官約10名）、郵便局、電話局、電力局が置かれていた。警察以外の役所の職員は3名で、雑貨屋2軒、コーヒーショップ1軒の店があった。この頃はバイナバシュタからインターネットの電波を無料拝借していたが、ネットのスピードは極めて遅く動画は不可能であった。

　2010年頃には雑貨屋3軒、コーヒーショップ3軒、車の洗車屋1軒が増え、光ケーブルも届きインターネットが充実したが、ネットを利用していたのは我々を入れて10軒であった。橋を挟んで両国の国境検問所が設けられ、住民は身分証明書を毎回提示して通過していた。この国境には税関も設けられているが、停止を命ぜられたのはセルビア側で1回だけ。「スケラニで何やっているの？」と聞かれただけである。

　　　　この国境職員とのやりとり、心安らぐ瞬間の一つでした

でも国境の面倒さは理解できたよ。EU国間の移動ではパスポートチェックを無くした気持ちが解るよ。バイナバシュタへ買い物に行くにもパスポート持って、行き帰りに毎回スタンプが押されるから合計4個のスタンプだよ。パスポートがすぐに一杯になったよ。それでも1年もたつとボスニア側では顔パスで通過できたけど、セルビア側のバイナバシュタでは必ずパスポートを提示してスタンプを押していたな。こっちは顔パスがダメだったな。

　この国境は商業ベースの物資の輸出入は禁止され、もっぱら住民の手持ち荷物のチェック機能だけであった。1992年までは国境はなく、バイナ

バシュタはスケラニの農作物の販売先であったが、国境が設けられてからは販売目的の農作物を通過させることはできなくなった。我々が住民へ配布するリンゴやプラムの苗は、当初はセルビアから購入していたが、約30km離れたドリナ川下流のズボルニックで通関されるので3日は遅れた。バイナバシュタは100%セルビア住民の街であり、スケラニの町は住民の約90%がセルビア住民であった。スケラニの町は紛争時のセルビア住民の拠点でもあった。我々はスケラニを拠点として支援事業を開始したのであるが、他のドナーが近寄ることすら避けていたセルビア住民の本拠地に事務所を設け、私やその後赴任する専門家もスケラニに間借りして生活をした。2005年8月の調査時は、スレブレニツァからスケラニまでの道路が悪路で山道のため、ブラトナッツからドリナ川の国境を越えて、セルビア側のドリナ川に沿い上流へ2時間ほど行ってバイナバシュタに到着した。そしてドリナ川にかかる国境の橋を渡りスケラニに到着した。当時はサラエボからスケラニまで8時間を要したが、2010年頃はセルビア側への迂回の必要もなく、近道も舗装されて4時間に短縮された。

　ドリナ川は同じユーゴスラビアからの独立国であるモンテネグロのディナル・アルプス山脈に源を発する。モンテネグロ、ボスニア・ヘルツェゴビナの国境を流れ、イヴォ・アンドリッチ（松谷　健二　訳）の小説「ドリナの橋」（恒文社、1966年）で有名なヴィシェグラードを通過した所からセルビアとの国境の深い渓谷の間を流れ、渓谷を抜けたところのスケラニの町を流れてさらに下流のビェリナでサヴァ川に注ぎ、さらにドナウ川と合流する全長346kmの川である。今はスケラニの町の上流の発電用のバイナバシュタ・ダムにさえぎられているが、古くから交易に利用された河川であり、スケラニは波止場の機能を有していたと考えられる。プロジェクト事務所（家賃225ユーロ　約2万9,000円）として2008年まで利用していた古い建物の庭では、ローマ帝国時代の住居跡が発掘されている。

銃痕ではなく単なる崩壊寸前の事務所建物の前で住民と共に

ドリナ川にかかる国境の橋

四季の彩り豊かなスケラニの民家で暮らす

　ドリナ川にかかる国境の橋から200m西のスケラニ集落の端っこに、65歳ぐらいのおばあちゃん、45歳のお父さん（小学校の先生）、40歳ぐらいのお母さん、15歳と12歳の男の子、乳牛1頭、豚1頭、ニワトリ20羽と暮らす家族がいた。20a程度の放牧地と2階建ての住居、2棟の家畜舎でこの家族は生活をしていた。私はこの家の2階を借り切った。

目の前にドリナの水が流れるのが見えた。この川はゆったりと青い水が流れる。夏でも冷たく、ベオグラードからマス釣りの釣り人も訪れる。スケラニの人々も浅瀬をせき止め、一網打尽でバケツ一杯のマスを捕り、薪ストーブの上につるして燻製にする。家賃は約350ユーロ（約4.5万円）であった。この金額はお父さんの給料と同じくらいであった。家賃を決めるにも相場が解らず2LDK、バス、トイレ付きだから「この程度だろう」との大家との話し合いで決めた。2005年の夏、初めてスケラニを訪れた時にもこの部屋を借りて調査を行った。宿泊料金は1泊30ユーロ、食事は2食で40ユーロと言われて「え?? この僻地で、この程度の部屋で、この食事で合計70ユーロか?? 高い！！」と思った。後に「昨年8月に来た時の家賃や食事代はどうやって決めたの？」と聞けば、彼らも相場というのが全く解らなかった。そこで国際機関の職員がスレブレニツァを訪れた時に支払う額と同等にしたそうである。私はこれをドナー相場と言っていたが、スレブレニツァの街ではドナー相手の民宿がビジネスとなっていた。

　住み始めた頃は真冬の12月。2枚の窓がそれぞれ外と内側に開く文字通りの2重窓で、暖房はリビング・キッチンにある大きな暖炉兼炊事コンロの薪ストーブであった。寝室やバス・トイレはこの薪ストーブから暖熱用パイプが張り巡らされるセントラル・ヒーティングで、夜は快適であったが火の気がない朝は寒かった。でもこの暖炉生活が快適になり、日曜日はビーフシチューやインゲン豆の煮豆をコトコト煮る生活であった。セルビア正教のクリスマスは1月の第1週で、村人は山から枯葉が残っているブナの枝を玄関前に飾る。おそらく柊（ひいらぎ）の代用であろう。深夜にスケラニの教会でミサが行われて、教会の庭では薪が燃やされてみんなで祝う。元旦は第2週目であるが特に行事はない。

　ドリナ川の川沿いのためか山間地域より暖かく、雪は降るが多く積雪することもなかった。最も寒い1月で氷点下10度であったが、多くの住民が住む山間地は標高が高い（約800m）こともあり、1m以上積もる雪は3月頃

まで溶けず早朝は氷点下20度まで下がる。この期間は家畜も屋内に入れられて、住民の仕事は牛乳からチーズやバターを自家用に作ることと、隣人とのおしゃべりである。夜は家族が薪暖房の周りで寄せ合って寝るのが普通である。3月になると日当たりの良いところに、黄色い野生のサクラソウや紫色のクロッカスの群生が咲き始める。農家は雪の残った畑に、牛小屋にたまっている堆肥を撒く。雪の白と堆肥の黒が朝日に照らされてコントラストが美しい。本格的な農作業は4月からで、飼料用トウモロコシやパン用の小麦や大麦の種まきがはじまる。ラズベリーの枝の剪定、トマト、ナス、パプリカなどの野菜苗の育苗も始まる。羊もこの頃から日中は外に出るが、羊毛の刈り取りもこの時期である。羊毛は冬の季節に紡がれて、靴下やセーターが編まれる。冬のおばあちゃんの仕事である。乳牛は年中屋内で飼育され、牧草地に出るのは年に5〜6日しかない。5月になると気温はぐんぐん上がり、山はブナの新緑に包まれ、リンゴやプルーンの木は花盛りでまるで日本の桜満開時のような景色に変貌する。7月の気温は35度ぐらいになるが、乾燥しているためか蒸し暑くは感じない。しかし6月から7月に、日本の梅雨のような肌寒い雨が約1週間降る。

　意外なことに、スケラニと対岸のバイナバシュタには蚊がいなかった。夏でもクーラーは必要なく扇風機で十分な所である。夏は最も忙しく、7月はラズベリーの収穫が早朝から家族総出で行われ、養蜂農家は7月に満開に咲くニセアカシアから蜜蜂が集める蜜を採集する。冬用の牧草作り、冬用の薪割、パプリカやトマトの保存食作りと、夏の作業は冬を越す準備である。大半の家庭では薪で年中炊事や暖房を行うが、この薪は山間地のブナを切って作られる。周囲はブナ林で覆われており森林管理事務所が管理を行っている。住民は森林事務所に薪の切り出しを申請し、1㎡あたり約4,000円を支払い森林事務所が指定する木を切る。我が家の大家は年間約5㎡の薪を使用していた。森から切り出した木は長さ30cmぐらいに切って薪を割り軒下に積んでいた。私は何ら苦労をせずこの薪を自由に

使っていたが、冬だと一晩に10本ぐらい焚いていた。ポルチーノというイタリア料理によく使われる高級キノコが7月から9月にかけて多く採れる。住民は地雷を避けながらキノコ探しを行うが、2時間も探せば大きなスーパーの袋一杯採れる。これをスライスして乾燥して業者に売る。1kgあたり45ユーロで売れた。貴重な現金収入である。私もオバちゃんとキノコ採りにブナ林に入ったが「これが地雷だよ」って教えられてからは自由に歩けず、オバちゃんの足跡をたどることに夢中であった。子供たちは道端の野生ラズベリーを摘み、通過する車めがけて小遣い稼ぎをする。実に平和な風景であるが、このような風景が見られたのは2010年頃からであった。

　秋になると山はブナの紅葉で真黄に染まり、12月には葉を落とす。畑ではトウモロコシや麦の収穫が行われ、12月にはすべての野外の農作業は終わる。11月になると各家庭では1年飼育してきた100kg以上の豚をさばく。トウモロコシに夢中になっている豚の眉間を大きなハンマーでドンと一撃し、脳震盪を起こさせ素早く血を抜くのだ。この頃になると早朝遠くから豚の悲鳴が聞こえてくるが、彼らにとってはサンマやサバの頭をはねるぐらいの感覚であろう。庭先では1日かけて解体をしながら豚の頭の横でバーベキューが始まり、地酒のラキアで酒盛りである。豚は毛と内臓以外すべて調理され、冷凍肉、ベーコン、サラミが作られる。どこの家も燻製室があり、約1週間かけてベーコンが作られる。彼らはこの肉を1年間食べる。現在は冷凍肉にするが以前は塩漬け肉にしていた。

　これは晩秋の風物詩であり、ドイツからバルカン半島全体で行われる。おそらく中世時代には、この塩漬けや燻製肉を船に積んで外洋航海に出たのであろう。こう考えるとなんだかロマンチックであった。中学の社会科で、ヨーロッパでは秋になると冬の飼料不足のために種用家畜を残し肉にして保存されると先生が言った記憶があるが、今もその習慣は続いている。私は大家の豚の悲鳴が聞こえた日は早朝から外出して夜帰っていたが、帰ると食卓にはバーベキューが置いてあった。「これを食べたくないか

第2章　素顔のスレブレニツァ

ら外出したのだよ」。

任期3年間、非常に健康的な生活させていただきました。寿命が延びたと思います。8時〜16時まで仕事して、夕方からは大家の農業手伝い。四季感もあってとても充実していました。大家のじいさんには、君にとっては食うためじゃないから農業が楽しく思えるんだよ、って言われましたけどね。

あのおじいさんは超越していたな。我々は一時の訪問者だから楽しいのだよ。農業だって趣味の域だから。でも途上国に生まれて一生そこでの生活となれば、密入国してでも逃げ出したい気持ちもわかる。ヨーロッパに難民が流れ込む彼らの気持ちも解るよ。紛争地や途上国で生活すると、いかに日本が住みやすい国か分かる。俺はネパールに始まり途上国での生活が長かった。過去に住んだ国に比べればスケラニの気候は良く、日本より住みやすいと思う。食べ物も他のヨーロッパと同じで貧困なんて感じない。地球上でも自然環境が良い地帯と思うが、人はなぜローマ帝国時代から紛争と戦争に明け暮れていたのかといつも疑問に思っていた。1995年の虐殺は20世紀の後半に起きたことだが、第二次大戦、もっとさかのぼればオスマントルコ征服、ローマ帝国時代から征服と侵略と虐殺の繰り返しの地域ではないか。人は自然環境が良く食料にも困らない所に住みながら、なぜ虐殺を繰り返してきたのだろうか。民族問題は貧困問題と同様に人間の愚かさではないか。でも、自然環境が良かったからこそ、周辺の厳寒地や乾燥地や砂漠の人間にとってバルカンは理想郷だったのだよ。このために戦争が繰り返されたのではないかな。

記念碑に刻まれた公式虐殺人数8,372

スレブレニツァの街の入り口にあるポトチャリの虐殺記念集団墓地では、

毎年7月11日に慰霊祭が開催される。収集された遺骨はDNAで鑑定されて判明すると遺族に戻され、この日に集団墓地に埋葬される。

　2009年の慰霊祭は気温12度の肌寒い雨の中で行われた。この年は約200遺体の埋葬で、昨年の約600遺体に比べると少ない。年が経つにつれて判明遺体数は減少するという。また、昨年に比べて今年の出席者は減少したと人々は言う。この年に新たな記念碑が建てられ、8,372人という公式虐殺人数が刻まれた。「この数字は今後も増える可能性がある」とも刻まれている。それまで6,000〜7,000人といわれていたので、意外と多い数である。

　慰霊祭には、毎年各国のテレビ取材がある。ボシュニャク住民へのテレビインタビューでは、紛争時には子供だった若者が避難先から夏季休暇で戻り、当時の様子も知らないのに、「セルビア住民と同じ空気を吸いたくない」と答える。レポーターは「スレブレニツァのコーヒーショップでは、今も両民族が一緒にコーヒーを飲むことはない」と事実でないことを報道する。お互いに憎しみを持って生活し「いまだ民族融和ならず」とレポートする。私が「それは事実と違う」と言っても聞き入れてくれなかった。

　スレブレニツァに戻り生活基盤を築こうと努力しているボシュニャク住民が言った。「7月11日は嫌いだ。我々は定住のために両民族が平和に住むこ

2009年の慰霊祭

とを望んで融和の努力もしている。夏休みに帰って来るボシュニャク住民
は、ポトチャリでテレビのインタビューを受けて事実でないことを言う。そして
両民族の住民が会話し助け合っていることを彼らは批判する。そして彼ら
は高級車に乗って避難場所へ戻っていく。どうして難民があの高級車に
乗れるのだろう。そしてなぜ帰還した我々が批判されなければならないの
だ」。民族問題だけでなく、同じ民族間でも人生の選択が異なると批判す
るのである。

優秀な人ほど帰還しなかったりしますし、紛争をきっかけに人
材が流出してますよね。復興を考えた場合、帰還促進は重要
だなぁと思いますが、避難先で苦労して第二の人生を成功させた人
に対して、また戻れっていうのも酷ですね。

でも避難先に定住している人が幸せかどうかわからんよ。確
かに経済的にはボスニアで仕事するより少しは潤うと思う。仕
事にありつけるだけでも幸せかも。でも、仕事といっても危険、汚い、
きついの3Kが多いのじゃないかな。彼らが帰って来る時には高級車
に乗って、凱旋のように来るけど見栄だと思うな。実際は彼らも避難
先で住みにくいと思うよ。2009年だったか娘と年末年始に国外旅行に
行ったの。オーストリアのインスブルク郊外の給油所で、「ボスニアの
車ナンバーだ」と我々のレンタカーのナンバーを見て懐かしがる青年が
いたよ。彼は1992年にオーストリアへ避難しその後は定住しているの
だって。給油の仕事を生き生きとしていたけど、ボスニアではこの仕
事すら得るのは難しいだろな。彼を見ていると帰還など考えられないこ
とは理解できる。でも彼も心の底には「帰りたい」という気持ちはある
だろうな。

15歳以上の男は捕まれば殺された

——俺は諦められるけれど、母親が納得しない

　この話は彼らにとって悲しい話だから名前を伏せる。二人とも本当にいい奴らである。

　彼は我々が仕事を始めた2005年頃は32歳で、英語で話ができた住民であった。私がスケラニを訪問した時にはすでに帰還し、母親と奥さんと二人の子供と住んでいた。父親と弟は1995年の虐殺事件の時に殺害されていた。10年経過した当時でも家族の遺体の情報は無かった。毎年7月11日近くになると、母親の気持ちが不安定になる。彼はツヅラへの逃避者の中でも数少ない生存者でもある。私はゆったり流れるドリナ川を見下ろす彼の家によく訪問して、トルココーヒーを頂きながらいろいろ話すことができた。以下は彼の話である。もちろんこのような話は二人きりの時の話である。

　彼の住む集落は、ドリナ川上流のダム近くのスケラニMZの片隅に位置する。1992年頃から両民族間の小競合いが各所で起きたようで、当時彼は17歳前後であるが山中の戦いに参加していた。1993年5月頃になるとボシュニャクの形勢が不利になり、両親と弟とスレブレニツァに避難し、1995年までの避難生活が始まる。避難生活は援助物資と物々交換でしのいだ。その間にラジオのニュースや国連統治軍との会話から英語を理解するようになった。スレブレニツァが陥落する直前の1995年7月、15歳以上の成年男子は虐殺されるとのうわさ（情報）が流れ、弟と共に約80km離れたツヅラを目指して逃避を行ったのである。当時ツヅラはボシュニャク住民にとって安全地帯であった。この逃避に加わった数は6,000人とも1万人ともいわれるが、多くは逃避途中でセルビア人兵士に見つかりスレブレニツァに戻され、その後山間で射殺されるのである。彼の父親は病気持ちであったことから逃避できずスレブレニツァに留まった。弟も逃避途中で見失い、セルビア人兵士につかまりスレブレニツァへ連れ戻された。その後父親と共に山の中で殺された。彼の母親は他の女や子供と共にバスでツヅラへ移

送されたそうである。逃避は、真夜中に2〜3kmずつ進み昼間は隠れていた。約80kmを25日かけて到着した。逃避中、各所で虐殺を目撃しており、今でも遺体の埋められたところを知っているが、あえて自分から言うつもりはないと言う。心残りは父親と弟の遺体が発見されておらず、ポトチャリの集団墓地に埋葬できないことである。彼は、「過去を決して忘れはしないが、振り返っていてもしようがない。二人の子供の将来が自分のすべて」と話している。

　今の彼のE課は、ドリナ川に仕掛けた簗を見に行くことから始まる。1990年頃は高校生でバイナバシュタの高校に通っていた。対岸にセルビア住民の一番の親友が住んでおり、紛争初期は食料等の支援を受けていた。しかし、紛争が終わった現在、「何かギクシャクする」と言って、お互いの交流はなくなってしまったとのことである。このギクシャク感は両民族全員が持っている感じではないだろうか。悲しい話ではあるが、話してくれたことは嬉しかった。あまりに彼の動きが遅いので、私も時々文句を言うのであるが、「親父みたいだ」と言って笑っている。

　過去にはローマ帝国に占領され、次にオスマントルコに占領され、さらに第一次・第二次大戦を経験しそのたびに虐殺は起きた。「おじいさんは第二次大戦の時に射殺された」という話が多く聞ける地域である。彼らは、15歳以上の男性は捕まれば虐殺されると過去からの経験で分かっており、国連やセルビア軍が「保証する」といっても信用できなかった。そして実際、虐殺は起きた。虐殺事件が起きることは過去の歴史から解っていたのである。

　もう一人は1995年頃には14歳であった。14歳なら虐殺から逃れる年齢だが、体格が大きかったので14歳とは見られず殺されると考え、14歳以下の男性グループが入れられていた2階の窓から飛び降りてツヅラへの逃避行に加わった。おそらく彼の判断は正しかったであろう。父親は1993年頃、自宅前のドリナ川を渡って対岸へ逃げる時に射殺されてそのまま流さ

れた。2012年時にDNA鑑定により父親の遺体の一部は判明したが、全身の部位が見つかるまで埋葬できないと言う。「もう諦めというか、割り切ることも必要じゃないか」と言えば「俺は諦められるけれど、母親が納得しない」と言った。虐殺から18年たっていたが、この問題はいつまで続くのかと考え込んだ。

　彼はドリナ川を少し溯ったところで、奥さんと小さな二人の子供と小さな小屋に住んでいる。乳牛1頭が唯一の財産という生活であった。彼がNGOを設立したのは、住民のためというより自らの酪農経営手段であったことは確かだ。毎日のごとく我々の事務所を訪れて、私に熱心に乳牛の必要性というか「俺たちは牧畜をやらないでどうやって生きていくのだ」と訴え続けた。確かにこの地域で乳牛は最も大事な家畜である。牛1頭いれば毎日バターやチーズが作れて、トルコ式パンがあればどうにか生きていける。彼は2010年に乳牛4頭をドイツの支援で受け取り、2013年頃には乳牛8頭に増やし毎日牛乳を出荷して生計を立てていた。

　人を殺したことがある？って聞いたことがあります。I hope not. と言っていましたが、暗闇に向かって撃たないと撃たれる可能性があった。誰にもあたってなかったと思いたい、って。

　すごいことを平気で聞くよ。でも、冗談でもこういうことが聞けるまでに俺たちは信用されていたのだよ。殺さなかったら殺される社会だったのだよ。それも、同じ地域の住民間で。みんな怖かったと思うよ。我々には想像できないよ。しかし、みんな後悔しているのじゃないか。彼らの人生で最もつらい記憶と思うよ。

第3章

本音と駆け引きから始まった
信頼醸成

日本国大使館・JICAに脅しのような忠告が届く

　2005年8月の調査から次に赴任した12月までの間に、住民や政治家から大使館やJICA事務所に向け、事業実施への批判というか脅迫に近い手紙が届いた。大使館へは政治家から、「JICA事業に民族バランスの問題がある。雇用されるスタッフが不正をしている」との手紙が届いた。JICA事務所には住民から、「肥育牛の受益者リストに偏りがある。我々がもらうべきだ」と、50名近い名簿リストが寄せられた。8月に我々の支援方針をNGOに説明しただけで、これだけの反応である。ユーゴスラビアが崩壊して7カ国に分裂した紛争の、象徴的かつ最も民族問題が深刻なスレブレニツァの住民や政治家からの手紙であり、大使館もJICAも支援事業実施について当然慎重になった。こうした状況を把握したうえで、いかに支援活動を継続させるか考えながら私はスケラニの町に入った。すぐに政治家や受益者に会ったが、誰も手紙について発言する者もなく雑談で終わった。彼らも手紙のことなど全く気にかけている様子もなかった。私から蒸し返すこともないと考え、何も知らないフリをしてNGOとの打ち合わせを開始した。

　　　　　　　この政治家、問題でしたよね。最後まで自分のポジションを守ることだけ考えてた。JICAの支援が届いた村を次の日に回って、これは自分の支援だって吹聴してましたもんね。今、思い出しても腹が立ちます。自分のポジションと引き換えにスケラニの幼稚園の先生のポジションを消そうと、市役所に圧力かけたのもこの人だった。

　　　　　あんまりストレートに言うなよ。彼だけじゃなくって「そういう社会」じゃないか？そういう社会が普通なんだよ。ある日住民が我々の事務所に来て「プルーンの苗はJICAがくれたのか、政治家さんがくれたのか」って聞きに来たよ。「それ応えないと解らんか？」って言ったら、納得して帰っていった。彼らを見ていると「これイソップ物語じゃ

ないか?? 」って思うことがよくあった。イソップって紀元前6世紀の古代ギリシャの寓話だって。つまりバルカン半島がイソップのような社会っていうことじゃないかな。時々「恥、節操」っていう言葉がこの地域にあるのかいな?? って思うことがあったよ。でもこの言葉は、日本だけに通じる言葉かわからんよ。

　手紙で批判した政治家は、その後も時折プロジェクト事務所を訪れ、彼が批判した通訳のベスナ*を通して私と雑談を行っていた。ベスナに手紙のことを話すと、「この辺では普通のことよ」と全く意に介していなかった。その後は大使館やJICAへの手紙は届かなくなり、事業開始から1年経過すると今度は「JICAは住民の意識を変えた」と称賛するようになった。しかし住民のスケラニ事務所訪問はその後も続き、希望する耕運機や牛がもらえないとわかると「大使館へ抗議する」「サラエボのJICA事務所へ連絡する」と普通に脅すのである。「これは大使館やJICAに文句を言った方がいいよ」と、私は親切にも電話番号を教えてやったが誰も連絡しなかった。他のドナーにはこの戦術が通じたのであろうが、私は「またアホなこと言って」と気にもしなかった。気にする必要がなかった理由は、プロジェクト開始半年後には「JICAはこの地域で受け入れられる」と確信したからである。

*ベスナ（セルビア住民）
　英語の通訳兼事務所スタッフとして、2013年の終了時まで我々と働いた。この支援事業が成果を上げたのは、ベスナの功績が大きい。彼女はスケラニ住民で2005年当時は33歳であった。我々が初めてスケラニを訪問した時に、通訳として現地のNGOが手配してくれていた。現地ではボスニア語、セルビア語が話されていたが、この二つの言語は日本の関東と関西の方言の差程度のため、当然ボ

シュニャク住民との通訳にも全く問題なく流ちょうに通訳を行った。時間があればクラッシク音楽を聴き、難しそうな英語の本を読んでいた。2008年から大学の通信教育を受けて、2015年に卒業して英語教師の資格を得た。彼女はスケラニ小学校で英語の授業を行うのが夢であり、今は空席待ちしながら修士課程に進学している。実はこの本の執筆に際しても、ベスナとこのあと登場する市役所のミチョから、彼らの記憶や、2013年の事業終了以降のスレブレニツァの情報を得ている。

今になってみると通訳が必要な国だったからうまくいったのかもしれないですね。ご隠居のあまりにダイレクトな物言いも通訳介すと柔らかくなりますからね。

ベスナには「通訳だから、わしの言うことそのまま通訳すること。わしがアホと言えばアホって通訳しろ」が最初の約束だったのだよ。俺は援助の仕事長いけれど、スタッフや通訳が有能でないと事業は成功しない。ベスナには素直に感謝だよ。でも物静かな性格だから2005年8月の調査時には積極的に通訳できなかった。通訳は他の人が行い、彼女には住民との会話記録を頼んだ。その記録を帰国が近づいても提出しなかったから「ダメだな」と思っていた。俺がスケラニを離れる2日前の夜に訪ねてきて、鉛筆で住民との会話から、住民とのちょっとした立ち話までびっしり書いてあった。びっくりしたよ、正確で丁寧で簡潔にまとめてあった。英語も俺でも理解できるレベルで解りやすく書いてあった。それを見ながら帰国報告書をまとめたの。その時に彼女を通訳兼スタッフに決めたのだよ。俺の目に狂いはなかった。実際8年住んで、この地域でベスナほどに英語が堪能な人には会わなかった。この国では第2外国語はドイツ語かロシア語

と考えており、英語を学ぶ彼女は「ちょっと特殊」な存在だったよ。

俺はボスニア語もセルビア語も全く解らんのだ。スケラニに8年住んで解る単語は10個程度だよ。会話はすべてベスナを通じて行った。俺一人で村へ出かけて農家に声をかけられると、携帯電話でベスナを呼び出して、相手の話を聞いてもらい、俺が携帯を受け取ってベスナから住民の話を聞くの。俺からベスナに回答を話し、携帯を住民に渡してベスナが説明するのだよ。実に携帯電話は便利な道具だった。

しかしベスナでもサラエボへの出張には気が進まなかったし、ポトチャリの虐殺記念集団墓地には絶対に立ち入らなかった。サラエボで商店に入り一言言えば、明らかに店員の表情や態度が変わると言っていたよ。我々にはわからない民族間の隙間があると思ったな。俺は、スレブレニツァの住民がサラエボの住民より民族間の垣根は低いと感じた。

コラム① セチュア!! タバコとケーキはやめろ!!

事務所のベスナが日本研修中は、セチュアが通訳を行った。彼女はセルビア住民の22歳で、スケラニの青年たちのあこがれであった。1992年当時、彼女は5歳で家族とサラエボを脱出し、親戚を2～3カ所頼り、行き着いたところがスケラニであった。

なぜ最終地点がスケラニだったのか彼女は知らない。お母さんはスケラニ市役所分所に職を得て今も働いている。セルビア住民だからどこからも援助を受けていない。お母さんが市役所に職を得ただけでもラッキーではある。セチュアを見ていると、彼女が本当の戦争被害者に見える。親たちは勝手に殺し合いをしたのであるが、小さかった彼女には何ら罪は無い。普通の人生であればサラエボで若い娘の青春謳歌の年代である。

スケラニで小さな衣料品屋を開いていたが、付加価値税徴収の

徹底化のためのコンピュータシステム設置費用を工面できず店は閉めた。それでもベオグラードへ我々と行っても「サラエボがふるさと、ベオグラードより良い」と健気なことを言っていた。スケラニには同様のセルビア住民が数家族住んでいる。温室を製作している鍛冶屋家族も同じ境遇である。彼は1993年にサラエボを去りセルビア国へ避難後、母親の親元であるスケラニに落ち着いた。彼の家はサラエボの日本大使館の近くにあり、ボシュニャク住民に賃貸していた。そのセチュアもブルチコの近くの大学に籍を置き、約1,500ユーロの学費の工面に苦労をしていた。プロジェクトの調査（家族数、果樹苗の状況、養蜂の状況、就学前児童等）はすべて彼女に行わせ、学費稼ぎをさせていた。報告内容も簡潔・ポイントをついた報告をしていた。

しかし、セチュア‼ タバコとケーキはやめろ‼ と親父的に叱っていたのである。スケラニの青年から時々プレゼントをもらっている。2008年のスレブレニツァ市議会選挙にセルビア系政党から立候補し230票を獲得した。意外と票を集めたが落選であった。2018年の今はスレブレニツァの隣町のブラトナッツで援助団体の通訳として頑張っている。彼女なりに人生を楽しんでいるようである。

事務所でのセチュア

事業は市役所との共同事業として行われる

　JICAの支援事業は、相手国の実施機関と協力して実施される。今回の支援はスレブレニツァ市役所との共同事業であり、市役所職員が活動のパートナーであった。2005年の最初にスレブレニツァを訪問した時には、市役所は十分に機能していないという理由で、多くのドナーは主にスレブレニツァのNGOを通じて事業を展開していた。市役所とドナーあるいはNGO間の連絡も協議も不十分で、市役所は支援活動を十分に把握していなかったのである。しかし、支援を原因に起きる住民間のトラブルの始末は市役所に押し付けられていた。ドナーがNGOを通じて支援を行うことに対して、市役所の悔しさは理解できる。たとえ十分に機能していなくとも、スレブレニツァの住民への支援であれば、最低限市役所への報告を行うべきではないだろうか。事実、我々はNGOを通して事業を実施したが、市役所との相談や報告は密に行った。市役所が機能しないというが、マルキッチ市長は我々の両民族への支援の方法を理解していた。スケラニとスレブレニツァの間は40kmも離れており頻繁に訪れることもできなかったが、スケラニには市役所の分所が置かれており3名の職員が配属されていた。分所の責任者のミチョ*が市長よりJICAのパートナーとして指名された。

*ミチョ　スケラニ市役所分所長
　2005年8月の調査時から2013年9月の終了時まで、我々のパートナーとなって活躍する。彼は当時50歳で、サラエボ大学の農学科を卒業していた。スケラニ住民でユーゴスラビア時代の大学卒業生は、私の知る限りでは2名。一人がミチョで、もう一人が2010年頃から始めた山間地での小規模な水道設備改修への支援時に、調査・設計・現場監督を依頼したエンジニアのミリサブであった。ミチョとは毎日のごとく議論を行い、地域のあらゆる情報を提供してくれた。

彼の存在も大きかったですね。JICAの事業を深く理解し、市役所内調整ができる素晴らしいバランス感覚の持ち主。

最初の調査時はそうでもなかったけど、いつの間にか彼を頼っていたな。

　スレブレニツァの住民間でJICAが評価され始めた頃から、市役所の対応にも変化があり、2011年からのドラゴビッチ市長は市役所の職員3名を新たなパートナーに指名した。総務のベゴ*、農業のカタリーナ*、畜産のハスミール*である。また「ユニット」と称した職員グループを設けたことでスレブレニツァ市とJICAとの協力関係は一層強くなり、事業はユニットで協議されるようになり、JICAが考える相手国関係機関と連携した本来の支援事業形態が完成した。実質の事業はJICAとNGO間で実施されるが、市の職員も現場に積極的に訪問するようになった。また羊の品質向上事業では、NGOを利用せず、市役所直営事業としハスミールが中心となって実施した。耕運機の利用法に関する集落内の住民間でのトラブルは、ベゴが対応してくれた。また市長に対しても、事業進捗報告や新規事業についての意見交換などを頻繁に行った。支援を開始したばかりの2006年頃のスレブレニツァの市役所は十分に機能しておらず、役所の人事にも民族バランスが優先されていた。市長はボシュニャク住民、市議会議長はセルビア住民というように。このような市役所であっても、我々は彼らと協働して事業を実施しなければならない。たとえ住民の生活が向上しても、市役所がそこに関与していなければ事業の成果に疑問が残る。なぜなら我々の活動は、国対国の事業であるからだ。我々は支援事業のプロである。治安が悪い、生活環境が悪い、相手側の能力が低い、社会環境が変わったなどということは単なる言い訳に過ぎない。支援環境が整った地域であれば、もはや支援を必要としない。また、我々の対応の仕方によって彼らも変わるのである。

＊ベゴ（ボシュニャク住民）

　当時30歳ぐらいの職員。まさに市民のトラブル火消し屋であり、集落内にトラブルが起きるとすぐに現場へ出向き、住民間の調整を行っていた。我々の事業でも、ルカで起きた農機トラブル時には活躍し平穏に処理をしてくれた。彼の奥さんは、我々が新緑に包まれた小川沿いのコーヒーショップで住民と会議を行った際のコーヒー店の娘で、ベゴの一目ぼれであった。確かにかわいい、気の利く娘である。

＊カタリーナ（ボシュニャク住民）

　農業担当の職員。当時40歳ぐらい。最初はハイヒールで集落へ来ていたがだんだん活発になり、果樹の現場研修会にもスニーカーで積極的に参加するようになった。夫も市の職員で二児の母親でもあった。

＊ハスミール（ボシュニャク住民）

　畜産担当の職員で当時40歳前後。おとなしいが、我々の羊改善事業は彼が着実に実施した。羊を住民に配布する時には羊にペンキで番号をつけて、住民へはくじ引きで配布した。誰も不平を言わなかった。

印鑑一つ、急ごしらえのNGOと共に

——NGOの印鑑一つ作ればドナーの事業を請け負うことができた

　我々が調査に入った2005年頃、スケラニ地域には6つのNGOが存在していた。その中で、ドナーから事業の委託を受けて、山間地域住民への食料品配給やイタリアNGOによるスケラニの町での英会話、社交ダンスのような文化事業の開催、ドリナ川の美化事業としての浮遊物回収などの活動を行っていたNGOはPodrinje 1のみであった。他のNGOは、JICAがスケラニを起点に支援を行うと聞きつけて急遽設立されたNGOであり、事

業経験は全くなかった。

　NGOは我々がイメージする利益を期待しない奉仕活動団体ではなく、援助事業を請け負うビジネスとの考えが強かった。つまり事業を行いたいが、資金もなく、事業になるような産業もない。しかしNGOなら、市役所へ届けてNGOの印鑑一つ作れば、ドナーの事業を請け負うことができたのである。全く活動の経験もないNGOと事業展開ができるか不安ではあったが、これ以上の条件も期待することはできなかった。ただ、不正を行わず正直で、両民族への支援を実行してくれれば良いと考えた。我々の仕事は途上国や民族紛争後の地域での仕事が多い。理想的な仕事条件など最初から望めない。与えられた環境の中で仕事を行うのが我々であり、NGOを育てるのも我々の仕事である。

　他のドナーとの事業経験がなかった分、我々の期待通りに活動してくれたのも事実である。根は純粋な人々である。6NGOのうち一つはスウェーデンのドナーと金銭トラブルを起こしていることからか、説明会には参加したがその後の事業には加わらなかった。ドナーは裁判まで起こしていたが、援助事業で裁判沙汰になるような結果では情けない。我々は残りの5NGOと途中から参加する4NGOと共に、プロジェクト終了の2013年までつき合うことになった。もちろん事業は順調に進捗したわけではなく、支援期間中の8年間は彼らとの喧嘩であり、駆け引きであり、笑いであった。

　　　着任した時、どうして市役所や住民組織ではなくてNGOと事業を実施してるのかなぁと思いましたが、スケラニのNGOは住民組織のようなものでしたよね。市役所の手足が足りない中では次善の策だったと思います。

　　　うん。確かにNGOというより我々の手足ではあったの。でも、ほかのドナーと仕事経験のあるNGOだったら、我々の言うことを素直に聞いたかどうかわからんな。真っ白なNGOだから我々に素直

だったのかも。でも2010年頃に我々の事業を市役所や住民が認めた時には、彼らも誇らしげだったよ。我々の支援事業に参加したNGOは9団体だったけど、いつもみんなを集めて議論していた。共通のロゴマークを作る時には、かなり微妙な議論を両民族がやった。俺は、分裂するかと心配だった。こういう議論や事業の助け合いを、たとえ我々が中に入ってだけど、2006年の頃にできたのは意義があると思うよ。

吹っかけるNGO、かわし育てるJICA

　プロジェクトの現地活動費は毎年約3,000万円である。このうち約20%はスタッフや事務所車両レンタル、燃料等の管理費となり、残り約2,400万円を毎年事業に利用することができる。しかしNGOがつくる事業計画は金額がかさみ、そのまま提案を受け入れることなどできなかった。我々が目的とするところの「住民の能力と努力を最大限に引き出し、住民では不可能な部分へ最小限の支援を行う」を強く伝えてあったが、それを全く忘れ、「とにかく金額を膨らませる」ことに専念したような内容であった。これらを一つずつ我々の意図する内容に変更することが、我々の現地での最初の作業となった。2005年12月は、薪ストーブの前でこの地域の人々の普通の食べ物のインゲン豆とソーセージの煮物をコトコト煮ながら、NGOとの協議（交渉）を行った。以下、我々の事業に参加してくれた9団体のNGOのプロフィールを紹介しよう。

①NGO Zadrugar

　ボシュニャク住民5名、セルビア住民5名の両民族で設立された。JICAが支援を始めると聞きつけて、急遽スケラニの飲み仲間で設立したのである。このNGOが唯一両民族で構成されているが、その理由は「両民族で設立したと聞けば、ドナーは感激して事業を受けるチャンスが大きいから」と実に素直な回答であった。代表者はボシュニャク住民のメフィー*と、

セルビア住民のノビツァ*である。我々も、このNGOに事業を任せることで
対外的にも評価されるだろうという素直な考えがあった。NGOといっても、
市へ登録を行い必需品のNGOスタンプは持っていたが、NGOを全く理解
しておらず、ただ牛が欲しいがために設立したのである。

　彼らが提出したのは子牛107頭約7万ユーロ（約900万円）の計画であっ
た。私が12月に赴任する前に107頭の受益者リストを作成していた。その
内訳はボシュニャク住民6家族、セルビア住民11家族、帰還家族8家族、
母子家族1家族、戦争傷痍家族1家族と、彼らなりにドナーが感激する配
分を行っていた。しかし、受益者リストから漏れた家族は「家族でハンガー
ストだ」と騒ぎ立て、JICA事務所へ抗議の手紙をよこしたのである。その
ようなところへ私は赴任した。赴任1週間後にハンガースト家族の親父が事
務所を訪れ、我々の活動を批判して「あんた達はマネーロンダリングをする
のだろ」と騒ぎ立てていた。私はこの親父と罵り合いの様な会話を2時間
行い、最後は握手で終わった。高価な子牛を個人へ援助する気は全くな
かったので、「彼らをいかに我々の趣旨に合った事業に変更させるか」を
考えた。そこで、「子牛が必要なことは十分に理解する。でも、子牛の食
糧である牧草畑がワラビで覆われていては、飼料の確保もできないだろ。
まず、牧草の再生と牧草生産用の農機一式を支援するから、NGOで住
民の牧草生産支援を事業にしないか。ワラビ畑を以前の牧草地に戻すた
めにまず2haに牧草種子を蒔いてみよう」と提案すると、彼らは意外と素直
に受け入れた。つまり彼らにとって、抗議は特別のことではない。その後も、
裁判や弁護士という言葉がよく飛び出した。住民間の些細なトラブルでも弁
護士だ！裁判だ！と騒ぐ。彼らにとって裁判所の敷居は低いようである。

＊NGO Zadrugarのメフィー（ボシュニャク住民）とノビツァ（セルビア住民）
　メフィーはドリナ川沿いに住み、酪農の再開を目指していた。ノビツァ
は市議会議員兼スケラニ小学校の用務員さん。冬には朝4時に学校

> へ来て教室用暖房の石炭を焚き始めていた。彼は市の政治や人事
> について話してくれた。

🪰 事務所にも定期訪問して騒ぐお客がいましたね。今から思うと、あれは彼ら流の季節のご挨拶だったんでしょう。

👴 色々な人が来る事務所だから良かったんだよ。誰も来ない事務所は住民が認めていない、関心がない事業の証じゃないか。2010年の2月末だったと記憶している。突然校長先生とノビツァが来て、「来週からの石炭がない」と言って来た。つまり予算がないからJICAで買ってほしいというのだよ。暖房なしでは休校になるの。マイナス10度の教室ではむりだよ。そこで2tの石炭を買ってやった。約10日の分量だったと思う。プロジェクトを実施していると、想定外の依頼が舞い込むよ。それを規定に合わないから、予算がないからできないと言っていたら専門家は務まらないよ。もちろんすべての依頼を受けるわけではないけど、こういう依頼にうまく対応することで、事業もうまく進むのだよ。

両民族で話し合い

②NGO Orhdeja

　2005年にスケラニには雑貨屋が2軒あり、その1軒の店主がNGO Orhdejaを設立した。セルビア住民家族のNGOで、業務は25歳の姪のカタリーナ（通常カタ）*が行った。このNGOも、援助事業がスケラニ周辺で始まったら仕事を請けようと半年前に設立されていた。

　Orhdejaは鶏卵生産事業1万羽で約1,300万円、七面鳥飼育事業600万円、配合飼料生産事業780万円、家畜市場開設を提案してきた。もちろん同意できる内容ではない。理由もなく拒否はできないので口実を考えねばならない。七面鳥飼育農場やドイツ製の養鶏用中古飼育設備が売り出されていると聞いて、確認のためセルビアのノビサドまで彼女らに同行もしたが、内心はどうやって事業を変更するかばかり考えていた。当時世界で鳥インフルエンザが猛威を振るい、ヨーロッパでもライン川やドナウ川で野鳥がインフルエンザで多く死んでいた。2月末にバイナバシュタの町近くのドリナ川で白鳥の死体が見つかり、インフルエンザが疑われたのである。私はカタリーナに「近くでインフルエンザが疑われているのに、ニワトリや七面鳥事業は当分できない」と説明して、養鶏と七面鳥は却下。飼料生産を事業として支援をすることになった。また村人からイチゴや野菜の生産への支援の要望が多かったことから、この事業をOrhdejaに行わせることとした。市役所から家畜市場の再開催への支援の打診が来ていたので、カタリーナに調べるように依頼した。

　＊NGO Orhdejaのカタリーナ（セルビア住民）

　スケラニの町ではアイドル？マドンナ？的存在。村の若者が彼女の専属運転手となり、力仕事は村の青年が喜んで協力していた。しかし彼女は30歳近くなると、この地域で一番大きな街ウジッチェの35歳の青年と結婚した。彼は社会科の先生で、夜は街のスナックの歌手でこの収入が先生より大きいと言っていた。今は、双子の子供と共にウジッチェで普通の主婦家業を行っている。

彼女の容姿に負けて支援することにしたんでしょう。本当のところ。

極楽トンボが考えている以上に俺はマジ男だよ。この格調高い本でこれ以上は言及できないよ。でも「もっと普通の服着て来い」とベスナに言わせたことはある。夏なんてビックリするような格好で事務所に来たから（内心楽しかったけど）。亭主はベオグラードに親の遺産のマンションが2つあるって言っていたから、スケラニの青年達はマンションと歌手に負けたのだよ。

ついでにもう一つ話せば、2006年の夏にハーブのミントの苗をNGOが育てていたの。スレブレニツァも真夏は普通に30度を超えるのだけど、炎天下でおばちゃんや娘がアルバイト感覚で苗畑の草取りをしていたの。俺は「大変だろうなあ」と純粋な気持ちでアイスクリームを買って届けたのだけど、100m位まで近づいた所でよく見ると「あれ?? 上半身着ているのかいな?? 」という格好でさ、それでも俺はガンバって70m位まで近づいてアイスクリーム置いて帰ってきたよ。ここの娘は高校生になると男女の交際解禁っていう感じで、夏の金曜日から日曜日の明け方まで娘たちは着飾って近くの街のコーヒーショップで同年代の男の子とカラオケやダンスをして楽しむだろ。ちょっと日本の親なら「OK」とは言いにくい習慣だよ。でもこういう交流の中で将来の伴侶を見つけているな。一見「危ない」と思うけど事故は聞いたことが無かった。みんなルールを守って楽しんでいたのだろうな。俺8年も住んだから、小学校の女の子が高校生になるとバイナバシュタの街に着飾ってドリナ川の橋を渡っていくのだけど、昨日まで俺に「ダバルダーン（こんにちは）」って大きな声で話していたのが、着飾ると「あんたどこのおやじ」という感じで全く無視されていたよ。これも紛争以前からの風習だろうな。彼らは健全につき合っていたな。しかしあの服装であれば、日本の親なら絶対に許さないだろうな。

③NGO Podrinje 1

　当時、スケラニで唯一ドナーの事業を請け負っていたNGOである。

　我々が8月に調査に訪れた時には、代表のブランキッツアが現地で我々の受け入れ準備から調査活動に協力してくれた。彼女の車両をレンタルし、彼女の事務所を間借りして作業を行った。「このNGOだけを頼っていいかな？」と懸念したが、地域の事情が全く解らず宿泊施設もないスケラニでは、Podrinje 1に頼るより他に方法がなかった。他のドナーとの活動経験があったことから、計画書も不備なく作ってきた。彼女の計画は、農機共同利用740万円、雛鶏生産390万円、牛乳集荷事業1,300万円、温室野菜生産事業380万円、ハーブ生産加工事業1,500万円、ドライプルーンと果実酒のラキア生産1,500万円と、思いつく事業をすべて要請したような内容で計画書は2cmの厚さであった。私は見てうんざりして読む気にもならず、これをどうやって500万円前後に減らすかを考えた。なぜ2cmもの厚さの計画書を作成したかを聞いたところ、彼女はUNDP主催の事業要請書の書き方を研修受講しており、講師から「分厚い計画書を作れ。ドナーは喜ぶ」とアドバイスを受けていた。他のNGOは計画書の作成も初めてで、1～2枚の紙を提出していた。私は計画書の体裁・枚数を全く評価しない。一枚紙でもアイデアが良ければ受けいれる。

　ブランキッツアとは、事業について彼女の考えを聞くことから始めた。彼女の説明は具体的で説得力があり、手強い相手ではあった。しかしこちらも冷酷に、雛鶏生産はNGO Orhdejaの養鶏や七面鳥事業同様、鳥インフルエンザ問題で却下した。また、農機共同利用事業はNGO Zadrugarが両民族共同事業として実施する。彼らを選んだのは両民族で構成されているためで、セルビア住民だけのNGO Podrinje 1より我々の趣旨に合致していたからだ。牛乳集荷事業は、乳牛が少なく共同出荷が可能ほどにミルクが集まる目途がないということで却下。温室野菜生産はNGO Orhdejaのイチゴ生産と合わせるので却下。この辺まで来ると彼

女の感情が高ぶってくるのがはっきりと分かったが、関係なく続けた。そしてハーブ生産加工とドライプラム生産を農作物加工事業として、火力乾燥場を草の根無償を利用して大使館との合同事業とした。また彼女の提案でスケラニ地区の婦人たちの販売先としてバイナバシュタの公設市場に売り場を確保しその管理と運営を行った。彼女とは一つ一つ口論のような交渉を2日続けてやっと落ち着いた。その後も、彼女との闘争は2013年のプロジェクト終了時まで続いた。

④NGO Drina

　NGO Drinaのグリシッジ*は政治色が強いセルビア住民だが、まず皆にチャンスを与えてまじめに努力するNGOを残せばいいと考えた。NGO Drinaの計画は、プルーン（西洋スモモ）やリンゴの苗植え付け250万円、ラズベリーの灌漑設備140万円、リンゴやプルーンを原料とするラキアというアルコール度の高い果実酒の生産300万円であった。プルーンの植え付けは容易に理解できたが、酒作りを援助項目に入れて東京（JICA本部）は理解するだろうかと迷ったが、「面白い事業だ、地酒への支援はJICA始まって以来だろうな。ちょっと難しいなあ。でも彼らが飲むためではなく販売目的だから」と考え、蒸留器を他の団体から2台支援されることになったので、我々は販売の面で支援することにした。ロシアのウオッカは穀物を原料とするが、この地域ではリンゴやプルーンなどの果実を発酵させて蒸留酒を造る。大半の男は朝から飲み始めて、我々の事務所を訪れる男はたいてい酒臭かった。飲まれる量も多いが販売される量も多く、貴重な現金収入源である。

---

　*NGO Drinaのグリシッジ（セルビア住民）

　　政治大好き、マスコミへのインタビューが大好きな青年で、勝手にテレビの取材に応じて我々の事業を評価していた。市議会議長の腰

巾着であったが、2008年の選挙で待望の市議会議員に当選した。彼とはスレブレニツァの将来や問題点、紛争まで大いに議論した。議論が始まれば1時間は普通であった。この通訳を事務所のベスナが行うが、さすがに1時間の通訳は疲れたと思う。両民族合同の政党を作れば住民に支持されるのではないかと提案したが、「誰も支持しないよ」と一蹴された。しかし彼らも、日常の生活ではボシュニャク住民と普通にコーヒーを飲み話していた。今も市議会議員として活躍??している。

　　　　　現場行って飲むのも楽しみの一つでしたよね〜。ご隠居は飲まないけど。

　俺は落花生が良かった。でもバルカン半島というかヨーロッパで落花生の栽培は見なかったな。極楽トンボ以外にも「酒を飲むことが融和につながるって書け」って言ってくる奴がいる。彼が呑み助だから言い訳だ。でも呑み助同士はこれが一番なのかも。でも2006年頃スレブレニツァの両民族の呑み助同士が飲んだら殺し合いだけど2010年頃なら良い飲み友達で盛り上がっただろうな。俺は飲めないけど、これは極楽トンボの得意技だよ。

⑤NGO Dom

　ボシュニャクのアルミル*が設立した。夫を亡くしたボシュニャク婦人をメンバーとするNGOである。彼が住むペチ集落は、5軒の紛争未亡人の家族だけが住んでいた。若い働き手は彼を含めて二人であった。この二人で5軒の畑や牧草地を管理していた。彼は、NGO活動を行いたくて設立したのではなく、集落の5家族が援助を得るためにNGOを設立したのである。彼は古いトンネルを利用したマッシュルーム（キノコ）の生産事業を提案。

NGO Domeメンバー

＊NGO Domeのアルミル（ボシュニャク住民）
スケラニで唯一英語で会話ができた青年である。時間があればドリナ川を見下ろす彼の家の庭でローカルコーヒーを飲みながらとめどなく話し、夜となると私は夕食によばれていた。

　2006年の冬季はこれら5NGOと事業選定と情報集めを行い、2月に計画は完成し、3月に野生のサクラソウの黄色い花が陽だまりに咲き始めた頃から本格的に事業を開始した。

　これら5NGOの他に途中から、養蜂事業を行う2NGOと牧草地再生事業を行う1NGO、インゲン豆やブルーベリー事業を行う1NGOが加わり、2013年にプロジェクトが終わる頃には9NGOが事業を展開いていた。後にこのプロジェクトの大きな成果となる幼稚園や飲用および灌漑用水道改修事業は当初の計画に無く、2009年から始まる。足かけ8年と長期プロジェクトであったが、これらNGOは私の厳しい要求や厳しい意見にもめげずについてきてくれた。結論を先に言えば、みんな良い奴であった。どうしてこのような人間が突然豹変し、お互いに近隣の顔見知り同士が殺し合えるのか、私には理解できなかった。

殺さないと殺される状況に追い込まれたからじゃない?!

確かにそうだ。バルカンで生まれないと解らんだろうな?? 人間って生まれた所で人生の大半は決まるよ。

ここで途中から参加することになるNGOについても紹介したい。

⑥NGO Skelanka

セルビア住民が多く住むスケラニの町へ最も早く帰還した、ボシュニャク住民のムヨ*が代表を務めるNGOである。ムヨは養蜂協会を設立し約200名の会員を集める活動家でもある。

＊NGO Skelankaのムヨ（ボシュニャク住民）

　ユーゴスラビア時代はバリバリの共産党員エリートだったが、今はその片鱗も見られない酒飲みの良いおやじである。ボシュニャクの彼が避難先からスケラニの家に戻った時には、セルビア住民が住んでいたそうである。もちろんムヨの了解なしに。紛争のごたごたに紛れて住みついたのである。ムヨは「行き先が決まるまで居てもいいよ」といい、2週間後に彼は出ていったそうである。このような話はスレブレニツァにはいっぱいあった。でも住民間ではトラブルになっていない。皆が辛抱して譲り合っていた。彼はスケラニのサッカーチームの会長でもあった。

---

⑦NGO Osat

Osat MZの山中で設立された養蜂事業NGOである。代表のサルゴ*は当時すでにドナーから木工機材一式の支援を受けており、我々が住民に支給する養蜂箱を作成することになる。

> *NGO Osatのサルコ（ボシュニャク住民）
>
> 　サルコはSkelankaのムヨとは異なり、おとなしい青年であった。養蜂事業にムヨと共に参加するが、主に養蜂箱の生産とハチミツの販売に熱心であった。

⑧NGO Gradina

　スケラニMZの隣のセルビツァ MZに設立されたNGOで、代表者はラデ*。ラズベリーの植え付け事業とインゲン豆の新品種普及事業を行った。その他の事業にも積極的に協力してくれた。

> *NGO Eco Gradinaのラデ（セルビア住民）
>
> 　代表者のラデはいつもニコニコしてラキア作りに専念していた。しかし2012年に突然の脳溢血で亡くなる。毎日飲んでたから。

⑨NGO New Hope

　唯一スレブレニツァに事務所を置くNGOで、スラビツァ*、センガ*の二人のセルビア女性が運営する。牧草地再生事業で2010年から参加する。

> *NGO New Hopeのセンカとスラビツァ（セルビア住民）
>
> 　スレブレニツァのスーパーマーケットの2階に事務所を設けていた。彼女らはサラエボからスレブレニツァへ移ってきた。

　　　　着任前から、どうしてこんなに多くのNGOが一緒に仕事をしているのか不思議でした。そして実際に彼らに会ってみて驚いた。ヤンキー girls、何でも請負人、特に農業や開発の専門家でもな

い。しかしこの都会風のお姉さんとスリランカの田舎っぽいスタッフを比べてみても、ボスニアは途上国ではないと強く感じます。

自らの食料確保も難しい彼らに、我々が考える奉仕NGOなぞ存在しないよ。彼らは事業を始めたいが資金不足で、まずはNGO開始という考えだよ。ドナーの都合で設立した組織でもあり、根本的に両者の考えは異なる。しかし、このようなNGOであっても、政府組織が未熟、崩壊している国においては利用して開始せざるを得ないのも実情じゃないか。

多くのNGOが参加しているのは、「まず皆にチャンスを与える。その後結果によって整理する」という視点から。多くのNGOを利用することで、相互の競争意識と相互の交流も発生する。

8年間、身の危険を感じたことは一度もなかった

NGOが我々の意見を素直に取り入れるようになったのは、他のドナーと異なり、私がスケラニ小学校の先生宅の2階を借りて住み込み、毎日彼らと議論を重ねたことで、「JICAは他のドナーと違う。真剣に考えているのではないか」と考え始めたからではないだろうか。当時、スレブレニツァに現地事務所を構えたドナーは、市役所の屋根裏のUNDPが唯一であった。UNDPの現地責任者のアレックス（オランダ人）は、サラエボから金帰月来で通っていた。ましてや僻地のスケラニの町に日本人が事務所を構えて住み着くとは、住民もまず考えられなかったろう。スレブレニツァはドナーにとって危険な地域と思われていたのである。この地に8年間住んだが、身の危険を感じたことは一度もなかった。みんな親切であった。スレブレニツァの山中の雪の中で車が動けなくなれば、住民が来て皆で脱出させてくれ、誰が届けてくれたか分からないが、下宿に帰れば1kgのベーコンの塊やハチミツが届いていた。

私の大家も言っていました。ここでは20年ごとに殺し合うけど、その間は極めて平和だって。鍵しめなくっても泥棒入らない世界でしたね。

うん、8年住んで鍵をかけるなんて一度も考えなかったな。本当は平和で温和な人達なんだよ。

コラム②　運転手のヤスミンは、陸上800mのオリンピック選手

　メタボ腹の脂肪削減のために早朝ドリナ川沿いをトボトボ歩いていると、ピューーーーと韋駄天のごとく、ものすごいスピードで走っていく青年がいる。本当に速い。趣味のジョギングではなく、異常な速さ。彼はNGO Skelankaのムヨの息子のヤスミンだ。2011年から我々の事務所の車の運転手をしていたが、何を隠そう2004年のアテネオリンピック陸上800mの選手だった。それを知った時にはビックリ仰天というか、何か嬉しくなってきた。彼は2007年頃には主にサラエボに住んでいたが、コーチがいるわけではなく、練習設備があるわけでもなく、自分で工夫して練習していた。先進国の金を注ぎ込んだ選手とは違う。スポンサーもなく本当に彼の努力だけでオリンピックに参加し、北京オリンピックを目指していた。アテネオリンピックには父親の古いgolfを運転して乗り込んだそうである。彼の最高記録は1分47秒80とのこと。世界記録が1′41″11、日本記録が1′46″18、であるから、オリンピック入賞は難しいけれど日本なら一流選手。これが本来のオリンピックではないか。頑張れガンバレ。

　紛争時は10歳前後で、オランダへの難民家族である。スレブレニツァのヒーローであり、みんなを元気づける青年である。北京オリンピックを目指していたが反骨精神も強く、ボスニアのオリンピック協会と意見が合わず予選にも参加しなかった。北京オリンピック出場となれば、私はスケラニで両民族合同の壮行会でも仕込もうかと考えていた。彼

は親父のNGOにも所属せず、一人で養蜂を行っている。スケラニの住民によると、親父よりヤスミンが多く蜜を採集すると言っていた。このスケラニにこの様な青年がいることは頼もしい。彼の妹は弁護士で、温室野菜の指導を依頼していたスケラニの小学校の算数の先生の娘は、この辺では珍しい女性建築家である。我が家の大家の息子もノビサドの大学で建築学を学んでいる。この小さな村にも将来有望な青年はいるのである。彼らが、いつまでもスレブレニツァを忘れず故郷を愛する心を持ち続けてほしい。ヤスミンは2011年にアスリートの女性と結婚し女の子が生まれた。この娘が東京オリンピックに出るには早すぎるか？

珍しく感傷的ですね。ヤスミンは親父に似て頑固でしたね。運転もうまいし養蜂やらしても器用だし、なんでもできる青年でしたね。

そりゃあ、8年もスケラニに居たら鬼でも変わるよ。やっぱりスレブレニツァは平和であってほしいと思うし、スケラニなかよし幼稚園の子供が平和に暮らせたらと、この程度のことは俺でも思うよ。

第4章

農業再開を支援する

面白いと思ったらやる。難しく考えるな

　まずは事務所が必要だ。我々は、廃墟と化していた建物の一部を借りた。紛争以前は銀行だったという。2006年4月10日、ケボ人権難民省大臣、曇臨時代理大使（当時）、マルキッチ市長、両民族を迎えて、その事務所の前でプロジェクトの開始式を執り行った。こうして、2013年11月30日までの支援活動がスタートしたのである。

事務所前での事業開始式典

NGO Orhdejaのカタリーナ（スケラニのマドンナ）による司会

　ところで、事業の決断はどうやってしていたのですか。なんか調査もせずに適当に興味のあることをやっていたのでしょ。

　ははは――。よくわかっているじゃないか。確かに俺の興味があり楽しそうな事業を選んでおった。JICAでは俺たちのように現場最先端で活動する連中を専門家って言うだろ。これは技術の専門家って理解されるじゃん。例えば稲作の専門家とか保健衛生の専門家とか。でも、こういう専門分野の専門家では今の援助事業は無理と思うよ。20年ぐらい前まではそれでよかった。でも、技術や情報なんて今は途上国の僻地でもインターネットで十分に得られる時代だよ。あとは、彼らが検索する意欲があるかどうかの問題だよ。専門分野の技術・技能・理論・学問・金だけでは、現場での支援活動は不

可能だよ。俺たちは農業全般の知識・技能は絶対条件で、スレブレ
ニツァでは民族融和、平和構築の一般知識に加えて、先の紛争の
経緯を的確に把握し、社会観察力、状況判断力、事業の予見力、
構想力、実行力が要求されるよ。つまり、長い専門家経験を通じて
培われる援助の職人的要素が必要なの。地域の状況を見て、住民
でも気がつかないけれど絶対必要で可能性がある事業を見極める能
力無しに、専門家は成り立たないよ。この専門家能力はすべての分
野の援助事業に求められると思うな。現地語を全く理解せず、赴任
以前はボスニアの所在地もわからない程度の知識でありながら、この
社会に深く入り込めたのは通訳が優秀であることと、俺の長い経験か
ら活動の予測と住民の本音をかなり正確に読み取れたから。だから
最初2週間の調査というか、スレブレニツァ集落を見た時にどのような
支援を行うか予測がついたよ。特に温室野菜とか、牧草地の再興と
か、幼稚園とか、水道施設の改修は完全に俺の思いつき。現場を
見て、いろいろな人との話の中から考えたの。こういう能力が今の専
門家には必要と思うよ。今のJICAは「専門家の要件が何か解って
いない」ように俺には見えるよ。いかんなー、またJICAの悪口が始まっ
た。でももっと書こう。

半分くらいは"勘"って言ってたじゃないですか。そして半分くら
いは外しても仕方ないって。失敗も成功への過程っていうのが
JICAでももっとオープンに受け入れられるといいんですけどね。やる前
から、失敗しないためにあーだこーだ言ってる時間がもったいないです。

完璧な計画を立てて、慎重に慎重に行ったからといっても成功
の保証はない。俺の勘や趣味で事業選択しても成功する。
難しく考えることは無いの。「いいなあ、面白そうだなあ、これ儲かるよ」
と思えば実行する。

プルーン苗植え付けの支援を開始
——7年後から本格的に収穫され、乾燥プルーンや果実酒ラキアの原料になった

　2006年3月、日当たりの良い南斜面で雪解けが始まる時期に本格的支援を開始した。NGO Drinaが計画したプルーン（西洋スモモ）の苗木3,000株の植え付けが、住民への直接支援の最初であった。NGOの代表者のグリシッジには、スケラニ周辺の5MZの住民から植え付け希望者を募り、両民族の住民数が同じになるように受益者リストを作れと指示した。彼は政治色の強い青年であり、先の紛争でもセルビア住民が加害者とは決して考えていなかった。その彼が、果たして民族バランスの取れたリストを作成するか——期待もしたがやはり不安も大きかった。両民族平等支援の重要性についてはよく話していたが、頭で理解しても実際の活動で実行できるかわからない。不安は的中した。彼が作成してきたリストはなんと、セルビア住民42家族、ボシュニャク住民0と最悪の数字であった。しかも、受益者の住所はすべて彼の実家の周りであった。すぐにグリシッジを呼び出し、「ボシュニャク住民がゼロじゃないか？」と聞くと、「え?? そんなルールあったの??」と政治家の卵らしくとぼけた。

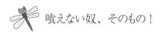
喰えない奴、そのもの！

　まあ、これで怒っていたら専門家はできないのだよ。こういうのと渡り合えないと一人前じゃないの。俺も専門家人生長いけど、その時は「こいつは食えない奴」と思っても、今考えると懐かしくなるの。日本人の中には、いまだに「喰えない奴」と思う奴はいるけど、不思議と相手国の人でそう思う人はいないのだよ。まあ、徹底的に憎めないのだよ。

しかし苗はすでに届いていたことから、「今年秋に再度植えるけれど、その際は必ず民族バランスを考えろ」と約束させた。3,000株は彼の実家周辺の住民の山の傾斜地に植えられた。この3,000株のプルーンは7年後から本格的に収穫され、乾燥プルーンや果実酒のラキアの原料となる。

プルーン植え付け時の説明会

彼が作成した秋の受益者リストでは、セルビア住民127家族（63％）、ボシュニャク住民76家族（37％）であった。両民族受益者が同数ではないが、5MZの家族数比率はセルビア家族が67％、ボシュニャク家族が33％、であることから、「まあバランスが取れている」と判断した。この事業に限らず、セルビア家族がボシュニャク家族の約2倍である5MZでは、同数家族数への支援は難しく、同数では民族平等とも言い難い。そこで他の事業もすべて、受益者数が2対1であれば平等と判断することとした。

　民族や文化による趣向もありますしね。家畜や養蜂は圧倒的にボシュニャク住民にうけたけど、農業はセルビア住民からのうけがよかったです。

　彼らが我々に対して不信感を持っていた初期は、ムダであってもすべて平等でないとダメだったの。彼らが我々を信頼してくれれば、金額に大きな差があればダメだけど、神経質に平等を気にせ

ず彼らの要望する支援を行えるのじゃないか。

　紛争後10年経過していたが、2006年当時は果樹苗、イチゴ苗、農機など支援する物資の入手先の情報がなく、入手先探しから始めた。2006年頃では、イチゴの新品種となればイタリアから輸入になり、ベオグラードの代理店に依頼しなければならなかった。農機の大きな代理店は近くに存在せず、最初のトラクター1台はスレブレニツァより遠く離れたブルチコの「怪しいブローカ」から購入した。トラクター登録に必要な書類が不備で、2年間登録できないなどトラブルの連続であった。

　果樹苗は当初、セルビアの苗業者から購入していた。苗業者が通関手続きを行い、スケラニまで届けてくれた。ボスニアで苗生産が再開されたのは2010年頃で、それ以降はボスニア国内のバニャルカ近郊の農家から購入した。果樹（プルーン、リンゴ、西洋ナシ、サクランボ）は、2006年と2007年の2年間に約27,000株を約400家族が植えた。その後も毎年約5,000株が植えられ、2013年までにスレブレニツァ全域の延べ835家族（スレブレニツァ全家族の約27%）により58,420株が植えられた。つまり、1家族当たり約70株が植えられたことになる。2010年の果樹の生存率は80%であった。

収穫されたプルーン

ラキア（果実酒）の生産や販売も支援する
——飲みながらの精製。友人が集まると多くが飲まれてしまった

　5月になるとスレブレニツァは、野生のリンゴ、アンズ、スモモ、洋ナシ等開花が一斉に始まる。とても虐殺などが起きたとは信じられない景色になる。これらの果実は秋に収穫され、すべて果実酒ラキアの原料になる。大きな樽に発酵剤とともに漬け込み、1〜2カ月後に腐った汚物としか言いようがない汁を3回蒸留することで透明のラキアが作られる。もちろん飲みながらの精製で、友人が集まれば多くが飲まれてしまうが、重要な収入源であったことは確かである。蒸留器は他のドナーから2台供与されていたので、我々は瓶とラベルの作成を支援し、スケラニブランドのラキアとして販売に協力した。この蒸留器はNGO Drinaから農家に貸し出されていた。使用料は生産されたラキアの20%であったと記憶している。この20%のラキアも販売されてNGOの資金となった。グリシッジが多くは飲んでいたとも思うけど。

ラキアの蒸留中

瓶に詰められたラキア

トラブルの多かった農機の共同利用事業

　農機の共同利用事業は、我々が赴任する以前からトラブル続きのNGO Zadrugarの事業であった。その後、NGOメンバーと共にトラクターと干し

草梱包機を求めて、ビェリナやベオグラードの農機工場まで訪問して探した。彼らのトラクターと干し草梱包機は、プロジェクトの開始式の前日に到着した。トラクターを利用して畑を耕した農家は、2006年には148戸で面積では23haであった。ボシュニャク住民56戸、セルビア住民92戸が利用した。干し草梱包機は、ボシュニャク住民20戸、セルビア住民6戸が利用した。機械利用にあたり、農家は燃料とオペレータの賃金だけを負担した。

その後、毎年少しずつ牧草生産用農機を増やしていき、トラクター2台、牧草刈り取り機1台、集草機、牧草梱包機1台、トウモロコシ収穫機1台になった。2010年頃には牧草の生産から刈り取り、乾燥、梱包までの農機を揃え、民族関係なく農家の要望に応えた。しかしこのNGOは両民族で設立されていることから、農機の管理場所でも両民族間の綱引きがあり、農機利用が一方の民族に偏っていると住民が訴えてくるたびに、NGOメンバーを集めて話し合った。農機オペレータも両民族から一人ずつ選任し、可能な限り平等を心掛けた。

NGO Zadrugarのメンバーは純然たる農民であり、お金の計算や管理能力が弱かったため、NGO Orhdejaのカタリーナが会計事務を引き受けていた。NGO間の協力である。反対に、NGO Orhdejaが市と協力して家畜市場を開設した際は、力仕事はNGO Zadrugarが行っていた。

牧草梱包による農家支援

農機って、最後は何らかの条件を課して、メンテナンスができ
　　る個人が所有し、地域住民にサービスを提供するのがいいと
思いませんか？グループ管理は難しいから。

　　彼らもグループ事業は望んでいない。ドナー側の都合でグルー
　　プと言っているのだ。本当は個人所有で事業をさせたほうが
成功する。JICAは協働・共同というけれど、2005年の調査時に住
民から「また社会主義に戻すのか？」って言われたよ。第三者から
見ると共同事業は美しく見えるけど当事者はやりたくない方法だよ。今
回だけじゃないよ。どうしてJICAは共同にこだわるのかな？スリランカ
でもNGOが農業井戸の共同利用事業をやっていたけど、共同井戸な
んて喧嘩の元だよ。俺もスリランカで農業井戸改修を350本やったけど
全部農家個人だよ。個人へ直接支援の方が効果があり長続きする。

　　農機関連では、紛争で片足を亡くしたボシュニャク男性が事
　　務所に乗り込んできたこともありましたね。農民を支援しない
で、NGOばっかり支援しているという苦情。もっともではあるものの、
『あなたに彼らの仕事はできないでしょ』なんて心の中で呟きながら、
ご隠居の対応を待っていましたが、沈黙。反応しないご隠居に、男
性がますます怒り出し、松葉杖を振り回さないかひやひやしました。秘
書のベスナが警察を呼ぼうかと言った瞬間、今度はご隠居が机を叩
いて怒り出した。

　　彼は以前から事務所へ来ており、今回は酔っ払って彼が机を
　　叩くので叩き返した。最初はJICA援助の批判と脅しを繰り返
した。これは誰もが行う脅しの常套手段。バルカンの住民の欠点は、
相手を脅して物をもらおうとすること。この怒鳴り合いの中で彼の本当
の言い分が見えてくる。今回の言い分は、農機共同利用の耕賃が
個人のトラクターと同じ価格で少しも安価ではない、呼んでも来てくれ
ないという内容だった。すぐにNGOに問い合わせ通常より2.5ユーロ安

価であることを確認し、「もし高価を要求されたらすぐに言って来い」と言って彼も納得した。彼の言い分が理解されてきた頃から、俺の顔はニコ・ニコーとしてきたはずだ。最後は握手し、彼の肩を叩いて、彼も納得して帰った。彼らとの激しい暴言には暴言で返す、机を叩けば叩き返す。しかし最後は笑顔で終わる。今回の出来事で彼と俺の関係は一層近くなった（多分）。真剣に誠心誠意対応していることを彼らは解っているから大きな問題にならないよ。言いたいことも言わないのではダメ。時には熱くなる。しかし最後は握手で終わること、これは鉄則。そして、決して喧嘩状態で終わらないこと。もう一つ、相手側の誤解、意見の相違は必ずすぐに解決すること。失言の侘びはすぐに行うこと。一夜放置すれば解決が難しくなる。

それは支援相手との関係に限らないですよね。JICA内で実践するほうがもっと難しいんじゃない？

JICAも当然。お互いに言いたいことは言い合い、議論は中途半端に終わらないことだよ。中途半端に終わると、お互い不信感と「あいつはダメだ」という感覚だけが残る。「真剣に、誠心誠意」が援助理念の基本中の基本だけど、皆あんまり考えていないよ。単に目先の事業を実施することになって、視野が狭いのじゃないか？援助は単なる事業達成が究極の目的じゃなくって、目先の目的達成から生まれる成果が援助の究極の目的だよ。それは何かはみんなで考えればいいよ。というか、このノンフィクションの物語を読んだら、俺の考える究極の目的は解るよ。

他民族間より激しい同一民族間でのトラブル

我々の事業がセルビア住民が多く占める地域で開始されたことで、「JICAはセルビア住民へ支援を行っている」との批判が政治家や国際機関から出ないか懸念された。そこでボシュニャク住民が多く住むMZも取

り入れるべきだと、5MZ以外の調査を行った。2006年8月のことである。5MZはドリナ川沿いに集中しており、北部山間地域のMZにはまだ訪問していないところもあった。そこで仕事の合間にこれらの地域を廻り、スレブレニッツァの街から最も遠く、ボシュニャク住民だけが住むルカMZを支援対象地域に加えて、耕運機の共同利用事業を行うこととした。

　この事業はNGOに任せず、JICAと市役所の事業とした。その理由は、僻地でルカの集落へは誰も行きたがらないことと、この頃には市役所も徐々に我々の事業に関心を持ち、我々の直接参加の要請を快く受け入れてくれ、ルカの会議には総務担当のベゴが参加することになった。もう一つ市役所が介入した理由は、ルカはボシュニャク住民だけの37戸のMZであるが、谷を隔てて二つの集落に分かれ、この二つの集落は仲が悪く常に問題を起こしていたことによる。トラブルが起きないように、ベゴを監視役をかねて参加させたのである。

　紛争当時、スレブレニッツァと峠を越えたジェパがボシュニャク住民の避難地であった。ジェパはスレブレニッツァの西方に位置し、両街は40km離れており、急峻な山道で峠を越えたところのドリナ川岸にあった。この間車で4時間の道のりであった。避難地ではあったがスレブレニッツァより規模は小さく、また虐殺のような悲惨な事件も起きていなかった。このスレブレニッツァとジェパのちょうど中間地点に、ルカMZが山の急斜面にへばりついていた。当時でも羊の生産地として知られ羊の肉質が良いということであった。ルカについて私は当時、以下のように報告している。

　『住民の帰還内容はまちまちである。本格的に家族全員で帰還し住民登録もスレブレニッツァに移している者、家族の都合で住民登録は避難先に残し一時的に帰還し生活を始めた者、帰還の意思はなく援助を受けるがために住んでいる者、援助があると聞きつけると急遽戻る者など様々である。一般的に援助を受けるがために帰還している者がトラブルメーカとなり、帰還を目指している住民の生活や支援への障害となるのである。援助

物資をすぐに売り払い、住居を空き家にするのはこの部類の帰還民である』

　支援を実施する時、常に民族バランスに細心の注意を払う必要があることは報告したとおりであるが、同一民族間でもトラブルは起こる。むしろトラブルの程度は他民族間より激しい。

　問題が生じた場合、両民族混合の集落ではお互いがコントロールしトラブルが表面化することは少ない。彼らはトラブルが起これば戦争にまで発展する可能性があることを理解している。しかし、同一民族内の軋轢(あつれき)やトラブルは極めて危険である。コントロールが利かないのである。ルカで農機のグループ利用について説明したところ、援助待ち住民は農機グループ利用に参加できないことから騒ぎ出した。また二つの集落間の日頃の問題まで持ち出し、騒動は激しく、石のぶつけ合い寸前まで発展し、山道を大木でふさぎ我々の帰り道の阻止まで行った。

彼らの喧嘩も終わればこの通り。根は気のいい奴ら

　民族問題のみならず、帰還状況によっても騒動が発生する可能性が十分にあり、本当に不安定な社会だと痛感した。ルカMZに限らず、援助待ち組み帰還民が集落のトラブルを起こしている。我々の支援の対象は、スレブレニツァに住民登録した帰還民と母子家族と明確に示していたので、援助待ち住民を無視すべきだとの意見もあった。他のドナーは機械的に対応している。しかし、トラブルの元になると解っていながら農機を供与するこ

とはできない。民族融和を目指すのであれば避けるべき方法と考え、我々はベゴと共に何回も出向き真摯に話し合った。我々の対応に対してルカの住民からの感謝の念は強く「本当によくやってくれる。申し訳ない」と発言し、市長からも「諦めないでほしい」と言われた。

　2007年2月26日、真冬に4台の耕運機を彼らに引き渡した。すでに道は雪で閉ざされつつあり「春まで待て」と言ったが、彼らの強い希望でトラックの入るところまで運び彼らに渡した。冬は彼らとの連絡もできず、MZのリーダーが報告してきたのは9月であった。その報告によれば、4台の耕運機を29家族が利用して75ユーロの耕起賃の収益を得ていた。1台は故障するも、みんなで修理も行っていた。少額でも収益を確保し、石のぶつけあい寸前まで不穏な社会になったルカでトラブルもなく運営されていたと、私は胸をなでおろした。

この時は本当にちょっと怖かったです。

我々に石は飛んでこないよ。道をふさいだのもすぐに開けただろ。あの頃は完全に我々は信用されていたから。でも、俺が2006年の冬にNGOと計画作っている頃は、スケラニやスレブレニツァの街へ行った時には「今回は危険な所へ来たな」って感じたよ。

　2011年頃、ルカに対して新たに耕運機2台の支援を行った。当時は問題もなく耕運機は使われていたので、我々も軽い気持ちでルカへ送ったのである。ところが、送って2日もしないうちに、「新しい耕運機をMZの代表が独り占めにしている」と市役所に訴えてきた。我々は関わる気にもなれず、市役所に対応を依頼し、ベゴが耕運機を引き上げて他のMZで2台の耕運機の共同利用事業を始めた。ルカは民族問題ではなく、単なる住民間のトラブルが続いている集落であった。

第4章　農業再開を支援する

雨除け栽培で品質を変えた温室イチゴと温室野菜生産
——売れなければジャムにすればいい

　2006年の春のことである。スケラニの背後の山斜面で農牧業を行いながら、イチゴを栽培しているブカシンという物静かな40歳ぐらいのセルビア住民農家が、「イチゴ生産へ支援を願えないか」と事務所へ相談に来た。イタリア品種の苺苗がほしかったがお金がなかった、というのが本音だろう。紛争で崩壊したところで一見贅沢なイチゴに支援を行うか迷ったが、売れてお金になるのなら良いかと考え、「支援は行うが、NGOのOrhdejaと協力して地域の希望農家に技術指導をしてほしい」と持ち掛けた。ブカシンは「全く問題はない。ボシュニャク住民の農家も我々と一緒にスケラニに住んでおり、紛争以前は普通に交流していた仲間だ」と快く同意した。

　しかし私は、「JICAや日本人はイチゴへの支援を理解するだろうか」と考えた。紛争、悲惨、復興といえば誰でも、食糧生産や生活基盤への支援を考えるのではないか。イチゴは贅沢な作物ではないが、復興支援のイメージと合わないので誤解されるのではないかと懸念した。また、イチゴを買うだけの購買力が住民にあるのか、市場が遠く販売先の確保が難しいのではないかなど、懸念材料は多かった。しかし、スケラニの気候条件はイチゴや野菜栽培に適しており、バイナバシュタの街でも6～7月頃になると多く売られている。市役所のミチョも「バルカンの人間はイチゴが好きだよ」と言うし、販売はサラエボやズボルニックでも可能だという。私の感覚では、4時間を要するサラエボや2時間かかるズボルニックは市場として考えられなかったが、「売れなければイチゴジャムにすればいい」と考え支援を行うことにした。

　2005年8月にこの地を訪れた時は、夏の終わり近くで、夏野菜のトマト・ナス・キュウリがすべてウイルスに罹り枯れていた。この地域では6月中旬から7月にかけて日本の梅雨のような雨の日が続き、野菜は病気に罹り枯れるのである。この長雨は養蜂事業にも大きく影響する。私は、この地域で

97

夏野菜を生産するには雨除けの温室が必要と考えていた。そこでイチゴも含めた「温室野菜生産事業」として開始することにした。2006年には6農家へ温室6棟を供与して、イチゴや野菜の試作を始めた。

9月までトマト、イチゴ、ピーマンが生産できるようになった

しかしこれらの温室はセルビアからの輸入品で、1棟当たり22万円と高価だった。我々もこれ以上の無償供与は難しく、住民も購入は難しいと考え、スケラニの鍛冶屋に温室の骨組みの試作を依頼した。鍛冶屋にとっても初めての経験であり、購入した6棟のサイズを測ることから始めた。材料の水道パイプと製作工具は入手できたが、屋根の部分のパイプは湾曲させる必要があった。それも、すべての湾曲を同じにする必要があった。この工具の入手が難しかった。特殊な工具であり販売はされておらず、工具を作ることも考えたがアイデアが全くなかった。鍛冶屋も情報を集め、バイナバシュタの街外れで温室野菜を生産している農家を見つけたので、見学がてら鍛冶屋と市役所のミチョと尋ねた。そこでパイプの湾曲法について聞けば、農家が自作していた簡単な工具が埃をかぶっており、すでに使用はしていなかった。私は「これ売ってほしい」と言えば、「いいよ」と即答である。「じゃあ200ユーロ（約26,000円）でどう」と聞けば「持っていけ」ということで商談成立した。後で皆から「200ユーロは高いよ」と批判された。さて工具と言ってもテーブルに据え付けた装置で、とても乗

用車のトランクに収まらない。国境をどうやって運ぶかである。「自家用に使用」と言っても国境の税関は納得しないと考えた。鍛冶屋は「俺が何とかするよ」と言い、翌日には彼の作業場に届いた。

> こういう現場密着ならではの工夫、いいですよね！雇用創出にもなるし。

 あの道具というか機械を見た時には感激した。アレが無かったらスケラニ製の温室は作れなかった。鍛冶屋もまたよく見つけたし、初めての温室をよく作った。

野菜の地元生産の道を拓く

　この工具を入手したことで温室はスケラニ製に変わり、2006年の暮れから製作を始め雪解けとともに各地の農家へ配布した。これで1棟当たり700ユーロ（9万円）まで価格を下げることができた。2006年に配布した6棟の効果は大きく、イチゴもトマトも市場で販売されている野菜より格段に高品質で、トマトは9月末まで収穫可能になった。これが評判となり、2007年からは希望者が殺到した。また、住民が温室栽培の効果を理解したため、温室の骨組みは支援するけれどビニールシートは住民自ら確保する条件をつけ、パイプのみを配布した。これで、我々の負担は約450ユーロ、彼らの負担は約250ユーロとなった。この方式で建てられた温室は145棟であった。「可能な限り相手側の努力を引き出し、不可能な部分へ支援する」──これが私の支援に対する考え方である。その後2010年頃になると、住民が温室の骨組みを木組みで建てるようになったので、我々は「骨組みを立てたら、ビニールシートを支援する」と、徐々に彼らの負担を大きくした。こうして建てられた温室は111棟であった。このように、我々の100％の支援から徐々に住民の負担部分を大きくしながら、2013年までに約260棟の温室がスレブレニツァ全域に建てられた。

この雨除け栽培は、特にイチゴとトマトの品質を変えた。彼らはこの品質ならサラエボでも売れると自信を持ち、2008年にサラエボの市場へ出荷した。我々は早朝4時にスケラニを出発して7時にサラエボに到着したが、道中では警察検問に2回会い、その都度「JICA援助の試験販売」と説明して通過した。イチゴやトマトはすぐに買い手がついた。

イチゴの出荷準備

サラエボの市場へトマトの出荷

　しかし、片道4時間の道のりや警察検問を考えると、バイナバシュタやスレブレニツァやブラトナッツなどの近郊の街で売る方が有利と住民も考えるようになった。価格もサラエボと比較しても安価ではなかった。バイナバシュタやスレブレニツァの野菜は地元で生産された野菜ではなく、3時間を要するビェリナの市場から届いていたのである。これらの野菜はボスニア国内生産ではなく、多くはトルコからの輸入野菜であった。当初、この辺鄙な地域で生鮮野菜の生産を行って市場は大丈夫かと最も心配したが、結果的に他地域から流入していた野菜を地元生産に変えることができたのである。バイナバシュタが主たる販売先であったが、販売用として国境を越えてイチゴやトマトを運ぶことはできない。しかし、車のトランクや後部座席に布をかぶせれば問題なく通過できた。そして1棟の温室で毎年生産されるトマト、イチゴ、パプリカ等の総売り上げは500〜600ユーロとなった。

第4章 農業再開を支援する

> **コラム③ 温室野菜栽培農家から**
>
> 温室のおかげで収入が増えました。
>
> 私は2006年にJICAが供与してくれた温室をきっかけに、野菜や果樹栽培を始めました。それまでは夫の季節労働だけが我が家の収入源で生活は厳しいものでしたが、現在では温室のおかげで収入が増加し、家族の生活を維持していけるようになりました。トマト、パプリカ、イチゴが主な生産物です。冬にはネギやレタスを栽培しています。また、今年新たに始めた温室内の電熱線により、野菜の苗を冬期に生産し隣人に売ることもできるようになりました。JICAの支援は物を配るだけでなく、セミナーや栽培実習、販路を切り開くためのツアーを組んでくれたりと、後のフォローアップが充実しています。これまでの支援に心から感謝しています。

　このおばちゃん性格はきついけど、姉ちゃんのブランキッツアと姉妹とは思えんな。事務所の前庭に遺跡発掘のアルバイトにも来て、学生たちに交じって堀っていたよ。でも、バルカンで生きていくには彼女たちのような逞しさがないと生きていけないのだよ。俺たちには解らん厳しさがあるのだよ。

　妹さんは「JICAの悪口言うなんて、失礼だ」って言っていたらしいですよ。彼女はラズベリーを50％高く売るために毎日国境越えていたくらい真剣です。全然関係ないですけど、スケラニ1の美人ですよね。

　それは、違う。スケラニ1は他のお姉さん。

ただ温室を提案しただけで、夏野菜づくりが軌道に乗った

　さて、本来のJICAの技術協力は、日本の技術移転が主たる活動内容

である。しかし、インターネットから世界中の情報を得られる時代に、単なる技術の移転は必要ではなく、地域の状況からその地に適する改善法を見つけ出すことも重要かつ必要な我々の業務である。ただ雨除け温室を提案しただけで、鍛冶屋の工夫もあったがスケラニにおける温室栽培が効果を示し、さらに農家が自ら温室を立て夏野菜が生産されるようになった。それも両民族が協力して建て、一緒にサラエボまでイチゴやトマトを売りに行った。これこそが民族融和を目指すプロジェクトの使命ではないか。我々は雨除け温室を提案したに過ぎない。その後の発展は両民族共同で行ったのである。今回の支援はすべてがこのパターンであった。我々は彼らに提案し、必要最小限の資器材等を支援し、その後は彼らが実施したのである。私の懸念に反してイチゴやトマトはスケラニの特産作物に成長し、両民族の交流でも大成功した。

対象地域の人たちが如何に動きやすい環境を生み出すかっていうのが、専門家に求められることの一つだと思います。

結局技術だけじゃないの。援助には他にもっと大事というか必要な要件があるのだよ。これを言い出すとみんなは大泉節って言うから、ここでは言わないけどさ。

追いついた。いや、トマトとイチゴは日本を抜いた

　私は、途上国での野菜普及活動の経験が長い。この支援事業に参加する前にネパール、タイ、フィジー、スリランカ、フィリピン、インドネシアで農業支援事業に参加してきた。この間に生産した作物は決して品質の良い作物ではなく、日本の市場に出荷できるような作物はできなかった。一番の要因は過酷な気候だが、土壌が肥沃でない、種子の問題、灌漑の問題など障害が多かった。しかし、スレブレニツァでは7月の雨除けに簡単なビニール温室を設けただけで、生産されたイチゴやトマトは日本の農家生産

物と肩を並べる品質であった。加えて有機栽培・減農薬であった。私はこの時「やっと日本の農家に追いついた。いや、トマトとイチゴは追い抜いた」と実感した。それほどに良品質であった。つまりこの地域は農業に極めて適した地域なのである。我々の事業が期待以上の結果であった要因の一つは、農業条件が良かったことに加えて住民の技術レベルが高く、紛争で10年以上の空間があったが彼らは技術まで捨てていなかったからである。

ローカル品種のトマト、おいしかったですよね。牛の心臓っていう名前で、大きいのは1キロ近くになるんですよね。

牛の心臓っていうのか。1キロはオーバーだ。それでは本当の心臓だよ。ボスニアではトマトを「パラダイス」と呼ぶと聞いた時には、ブラジルのサンバかと思った。しかし楽しい名前だと思ったよ。

コラム④　こんな人もいる／ちょっぴり感動した話

=日本にも貧しい人がいるのに、どうして私たちにお金を使うんじゃ=

　温室の被害調査である山の中の住民を訪ねた時のこと。去年の夏に立派なトマトとパプリカを栽培していたおじいさんの温室が風でやられていた。ビニールは完全に破れ、枠組みもかなり曲がってしまっていた。そのおじいさんが家から出てきて、もう諦めたと言い出した。様々な経験から穿った見方をしてしまう私は、そう言ってこちらに修理を促すつもりだなと思ってしまった。しかしよく聞いてみると、話が違った。おじいさんはこれ以上自分にお金を使ってもらうのは申し訳ないのだという。「申し訳ないが、自分にはこれを修理する余裕がない。そして、JICAにもし修理をするお金があるなら、他の小麦粉も買えないような貧しい人たちのために使って欲しい」と。他人を押しのけてももらえるものはもらっておけという考えが多数を占める中で、このおじいさんは他の人のことを慮る発言ができる。貴重な意見である。欲がな

い老人だから言えるのだろうか。以前、同じような素晴らしい意見を聞いたのは、やはりおじいさんからであった。

　「お前たちは日本にも貧しい人がいるのに、どうして私たちにお金を使うんじゃ。我々は自分たちで内戦を引き起こしたんだから、自分たちの責任だ。地震などの災害に見舞われた他の国の人や、貧しい人のために使ってあげた方が良いんじゃないか」

　必要以上であっても、なんでももらっておけばよいという風潮の中（日本も含め）で、この言葉をいうのは勇気が必要なのである。

もらって当然という意識をだれが植え付けたのか

　2010年9月、4棟の温室が行方不明になった。当時150棟あったうちの4棟だから深刻な問題ではない。500ユーロで売れてサラエボやツヅラまで運んだそうである。意外に高価で売られたが、制作費が700ユーロ程度で輸送費を考えると、買主にとっては苦労して運ぶほどの利益は無い。売り払ったボシュニャク家族に話を聞く。

おばあさん：「難民だから売っても良い、ドナーは何もくれない、欲しい、欲しい、あんた達はくれるべきだ。年金が150ユーロと少ない」

私：「何もくれない？この家も耕運機も、温室も全部もらったもので、あんたが買ったものは何だ？くれるべきだと言うけど、日本が何か悪いことしたのか?? 日本は与える義務があるのか？」

嫁（20歳）が1歳未満の子供を抱いて：「じゃあどうしてくれる!! 」と横で騒ぐ。

　話を聞きつけて周辺の住民が集まり「くれ！、くれ！」の合唱が始まる。

　通常、年寄りがもらって当然と勝ち誇ったように訴え、それに続いて家族が訴える。子供たちは遠巻きに見ている。1歳未満の子供を抱いた嫁に聞く。

私：「おばあさんは紛争で子供を亡くしたから毎月年金のように150ユーロ入るけど、おばあさんが亡くなったらどうするの？」

全く考えておらず、義母と一緒に騒ぐだけ。おばあちゃんに聞く。

私：「おばあさんは150ユーロもらえるけど、今生活基盤を作らなかったらこの孫はどうするの？もらって売ることだけ考えていたら生きて行けないよ」

理解せず、また「何かくれ」と言う。ここで皆に向って。

私：「援助はいつまでも続かない。自分の生活を自分で考えないで誰が考えてくれる？ドナーだって真剣に皆の生活なんて考えていないよ。家族を殺されたことは悲しい、しかしそれを口実に物もらいのごとく喚（わめ）くのを、子供たちは見てどう思う？」

といえば皆が「じゃあ、どうすればいいのだ」と合唱する。

私：「だからドナーからもらった金や道具を利用して、生活が続くように頑張ることだろ」

遠巻きの子供に向って。

私：「いいか‼ おばあちゃんや親はいろいろもらえるけど、子供達には誰も何もくれないよ。自分の村をどうするか、自分の人生をどうするか、大人に期待しても難しいよ、子供たちで考えないといけないよ。大人たちには頼れないよ」

これには、中学生くらいなら頷（うなず）く子供も多い。「この親では頼れないぞ」と言えば、親も子供も笑っている。

私：「温室を500ユーロで売るより3年トマト生産すれば1,500ユーロになるよ？ミントの苗を渡しても草取りもしない。これも毎年500ユーロにはなるよ」

「おれたちは難民だ──」と騒ぐだけの住民は多い。

話していると恐ろしく絶望感を感じる。この物乞い感覚、労働意欲の欠如したおばあちゃんも支援の結果である。5LDKの住宅、大型ト

ラクター、乳牛、戦争年金…。このような高価な支援を無償で受けて生活を再開する家族、これらを転売し次の支援を待つ家族。我々は「家を無くし家族を亡くし可哀そう」という感覚だけで支援活動をしてはいけない。彼らが自ら行動を起こすきっかけ、チャンスを与えるのが我々の仕事ではないのか。この家族も紛争前は、畑を耕し皆と同じような生活をしていたと思う。紛争後突然空から降ってきたように多くの援助が来た。また紛争被害者としてもらって当然という意識を、彼らにドナーが植え付けた部分もある。難民を王様感覚にしたのもドナーである。

ブナ林に群生する植物を使いハーブの生産加工を開始

　スレブレニツァの山の大半はブナ林であるが、その林の中には多くのハーブや薬草となる植物も多い。特に行者ニンニクは5月頃になると、新緑のブナ林にじゅうたんを敷き詰めたように各所に緑の群生ができる。日本であれば確実に天然記念物に指定されそうな群生である。NGO Podrinje 1はこの林の恵みから乾燥ハーブやオイルを抽出して商品化を考えていた。私は、自然を利用することでスレブレニツァの豊かさが広く知られることになると考え、ハーブの加工事業に期待した。まさかこの事業が、2013年の支援終了時まで続くブランキッツアとの格闘の日々の元となるとは、当時は思いもよらなかった。

　ハーブの加工は技術的に容易な乾燥事業から始めることにした。1トン規模の火力乾燥設備を草の根無償事業として、NGO Orhdejaの家畜市場建設とともに大使館へ申請した。並行して天日乾燥方法についても検討し、住民が庭先で乾燥する設備の検討も行った。この乾燥設備は5セット作られ、灌木の花をアロマティーやキノコのポルチーノの乾燥用として利用

した。

　ミントの栽培も計画した。2006年8月に種まきを行い、10月には約4haの畑へ定植した。2007年9月から収穫が始まり、11農家が16トンの生ミントを収穫。うち3.8トンは生葉で業者へ販売し、12トンの葉は35日間昼夜火力乾燥を行い、約4トンの乾燥ミントとして販売された。合計販売額は7,500ユーロで、農家からの買い上げ経費と乾燥経費を差し引くと675ユーロ手元に残った。乾燥ミントはすべてドイツへ輸出された。1トン規模の乾燥処理能力では35日を要することから、2008年には2トン処理能力の火力乾燥設備をJICA予算で設置。乾燥時間が大きく短縮され収益は増えた。

ミントの収穫

天日による乾燥

野生の行者ニンニクの刈り取り

2008年4月から林に群生する行者ニンニクを8トン刈り取り、乾燥後800kgが薬草としてドイツへ2,770ユーロで輸出され、425ユーロの純収益を上げた。その後ラベンダーの栽培も始まる。2011年にはオイル抽出装置を導入して、ラベンダーからのオイル抽出も開始した。2007年はミント一種で設備の稼働日数は35日であったが、行者ニンニクが4月に乾燥されローズヒップが11月と、施設稼働日数も増えた。これらの設備で今もハーブやプルーン、ローズヒップ、行者ニンニクの乾燥やラベンダーやミントからオイルの抽出が行われている。NGO Podrinje 1のブランキッツアは、各地の見本市に製品を出品して販売に努めていた。彼女は本当に熱心な女性ではあった。しかし2011年からは、彼女の自立のために一切の支援を止めたところ、彼女は裏切られたと思ったようで私との関係は悪くなった。道で会ってもお互い横を向いていた。

　彼女はベスナの通訳が良くないと、英語の話せる友人を連れてきて私と話したこともある。しかし、彼女のハーブ事業への努力は続いた。乾燥時に外気温が影響しないようにUNDPから支援を受けて、乾燥施設の壁を完全に覆い内部が全く見えないようにしたほか、外側にはUNDPの看板だけを掛けJICAや日本国大使館からの支援であることが解らないようにした。

加工場全景

これも彼女なりの私に対する復讐であろう。それでも、2013年11月に私

が日本へ帰る時には、私の不在時にラベンダーの匂い袋と抽出オイルを届けてきた。彼女なりの感謝であろう。ブランキッツアはおばちゃんたちのために、バイナバシュタの公設市場の確保と管理を行い、スケラニにも誰でも利用できる販売所を設けて住民の便宜を図っていた。私とは衝突の連続であったが、今振り返ると彼女の存在は大きかった。

セルビアのノビサドの農業祭へスケラニの生産物の出店

　難しい人でしたけど、やっぱり能力があったんでしょうね。最終的には、乾燥施設を活用することで、地元の人の雇用を生み出していましたもんね。

　あの事業への情熱はすごかった。おばちゃんたちもブランキッツアを頼っていた。彼女としては「これだけ一生懸命やっているのに、どうして支援をしてくれないの？」という悔しさだろうな。もう一回会って話してみたいな。

トンネルを利用したマッシュルームの生産
——母子家庭の婦人たちの収入源になれば

　スケラニからドリナ川を上流へ約5kmさかのぼると、水力発電用のバイナバシュタ・ダムがある。ダムはユーゴスラビア時代に建設されており、発電

機は日本製が今も発電を行っている。揚水式ダムとしてはヨーロッパでも有数の大きさのダムという。発電機は日本人が苦労して据え付けたらしく、彼らはトンネルの中に入り夜遅くまで危険な仕事をしていたという。そのせいか、私が初めて訪れた時からこの地域での日本人の評判は良かった。

　NGO Domeのアルミルが住む、ペチ集落のドリナ川沿いの山斜面に、ダムの地質調査用に試掘された奥行き約80mの素掘りのトンネルが放置されていた。彼はこのトンネルを利用して、キノコのホワイトマッシュルーム栽培への支援を要望してきた。つまり、このトンネルを集落の5軒の婦人の収入源と考えたのである。マッシュルーム栽培に適した温度や湿度か、菌床の入手は可能か、販売先はと未知の部分が多かったけれど、アルミルと私はマッシュルームの情報収集とトンネル整備を行うことになる。

　まずインターネットで栽培方法を研究し、気温や湿度はトンネルでも問題ないと判断した。一番の問題は、マッシュルームの菌を植え付けた菌床が確保できるかであった。ヨーロッパでは普通に売られている食材である。しかし、紛争が終わって十分に復興してないボスニアに、果たして菌床生産業者が存在するか否かが一番の問題点であった。ネットで、ブルチコに2005年から菌床生産を開始している業者を見つけ、早速アルミルと訪問した。確かに馬の厩肥（きゅうひ）と麦藁と材木のオガ屑を混ぜて発酵を繰り返し、

家族によるマッシュルームの収穫

菌床が生産されていた。半分冒険の部分もあるけれど、母子家庭の婦人用にとっては最適の事業と考え支援を実施した。

　まずトンネルの整備から開始した。電線を引き込み、棚を設けて、入り口には小さな小屋を建ててトンネルの入り口をふさいだ。気温は年中14度前後であった。マッシュルームの適温は15 〜 16度であり冷暖房設備は必要としなかった。2007年8月に200床の菌床をトンネル内に入れた。そして11月頃から収穫が始まり、クリスマスにかけて1,500パックを生産した。1パック400gを0.75ユーロで販売し1,125ユーロの収益で、菌床など材料費を除くと100ユーロの収益であった。少ないが、最初の菌の植え付けで収益を得たことで安堵した。その後も年3回の収穫が続いた。すべて、ペチ村の婦人の仕事として行われた。販売はアルミルがサラエボやツヅラへ運んだ。

　順調に進んでいたマッシュルーム生産だったが、予期しないトラブルが起きた。2009年の夏のことである。

　ヨーロッパでは7月〜8月が長期夏季休暇で、定住した難民の一時帰郷季節でもある。紛争前はペチ集落の住民であったが、紛争時に難民としてヨーロッパへ移動しそのまま避難先で仕事を得た青年が、休暇でペチの村に戻ってきた。そして突然、「トンネルの入り口2〜3m幅の雑木林の急斜面は俺の土地だから、トンネルへ出入りさせない。毎年1,500ユーロ出せば良い」と要求した。トンネル本体の所有者はいない。入り口部分の使用は彼の父親（ツヅラ在住）の同意を得ていたが、その後土地の相続を受けた息子は同意しないのである。NGO Domのアルミルも説得したが「話す気にもならない」という。もはや民族問題ではなく集落に戻って生活を立て直している住民と、帰還の意思のない難民の問題である。彼は地元に戻るつもりは無く、金欲しさからの嫌がらせである。彼の父親は継続して利用すれば良いというが、親子間の喧嘩でもある。この男は最新モデルの高級車で帰郷し、3週間でヨーロッパへ戻った。以前にも、休暇帰りのボシュニャク住民が高級車に乗って事務所へ来て「温室をくれ」

と言ったが、「その車のタイヤ売れば温室は買えるよ」と言うと、黙って帰っていった。

　こうして、トンネルキノコ生産は休止となった。父親が子供を説得しているが無駄であった。最後は裁判で決着するとの話もあった。裁判証拠資料として、整備する前のトンネルの写真の準備もした。些細なトラブルでも家族や隣人間ですら解決できず、すぐに裁判と言い出すのもここでは普通に起きていることである。結果、この事業に関係していた5家族の婦人（紛争未亡人）は小遣いも得られなくなった。ただこの事業の有効性を認めたイタリア政府からマッシュルーム生産施設が供与されることが決まり、我々が支援した資材もイタリアの生産施設で継続して利用できるので無駄にはならなかった。小さなトンネルから始まった事業であるが、その後他のドナーの支援を受けて事業拡大されるのだからと納得した。イタリアから支援された施設は2013年に完成した。この時アルミルが持ってきた地図はオスマントルコに支配されていた少なくとも第一次大戦以前の地図だった。これがスケラニの市役所分所に残っておりコピーしてきたのも驚きだった。

第5章

地域資源を再生・育成する

みんな養蜂をやりたいけど、お金がないからやれないんだ
――スケラニは昔から養蜂が盛ん、しかも蜜は高品質

　7月の2週間はニセアカシアが開花し、スレブレニツァ全体が甘い匂いで包まれる。ミツバチが最も蜜を集める季節でもある。スケラニ地域は養蜂が盛んで、紛争前はどの家庭もミツバチの箱を置いて自家製のハチミツを採集していた。山の中を歩くと、壊れた養蜂箱が庭先に多く転がっていた。私は養蜂の知識など全くなく、養蜂は業者が行うもので、農家のビジネスとして成り立つという考えは持っていなかった。

　スレブレニツァには二つの養蜂組合が設立されていた。その一つのNGO Skelankaはムヨが代表者で、頻繁に事務所に来訪しては養蜂の話をした。一方、オサットMZには、NGO Osatのサルコがヨーロッパのドナーから木工製材機を供与され、細々と養蜂箱を生産していた。2007年頃のことである。

ミツバチの管理

　ニセアカシアの開花が終わる頃に、コストロムッチMZの養蜂家が蜜を搾っているところを見に行った。1箱から20〜50kgのハチミツを絞るのである。1kgが5ユーロだから、1箱100〜250ユーロの収益を生む。「養蜂箱100もあれば十分に暮らしていけるよ。みんな養蜂をやりたいけれど、お金がないから再開できないのだ」と聞いて、私は支援の価値ありと判断し、

養蜂箱4箱とその他必要器具をセットにして希望者に配布した。以来、8年間で510家族（全家族数の約17%）、2,216箱を配布した。箱にはすべて女王バチと一群が入れてあり、住民の庭先に置いて入り口を開けると、すぐにハチは蜜集めを始める。

　しかし、ハチの管理は難しく、ミツバチは家畜と変わらず毎日状況を確認する必要があった。花の少ない時期は砂糖水を補給し、冬季にはハチが死なないように保護する必要がある。ニセアカシアの花が咲く7月は、日本の梅雨のような長雨の季節である。雨が降ればハチは蜜集めができず、箱の中でジッとしている。私が滞在した8年のうちハチミツが豊作だったのは2011年で、2008年は大半の家族が収穫ゼロであった。この年のNGO Osatのサルコの生産量は18kg。決して安定した収入源ではない。510家族が養蜂を開始したが管理できない家族も多く、管理しきれない住民が熱心な住民に譲渡したため、結果的に養蜂箱は熱心な養蜂家に集まった。だが、私はそれでも良いと考えた。まず希望者にチャンスを与え、維持できない住民が熱心な養蜂家に譲渡すれば箱は無駄にならない。養蜂家は箱が集まることでさらに事業として拡大できる。これらの事業はNGO SkelankaとNGO Osatが実施した。彼らはスレブレニツァ　ブランドのハチミツ生産を目指した。また7月の降雨時の蜜源対策として、ニセア

スレブレニツァブランドのハチミツ

カシアに比べて開花期間が長い品種960株をスケラニ周辺の灌木林に植え、蜜収集期間が長くなるよう工夫した。

後にムヨは、ヨーロッパの品評会に出展して金賞を受賞したと聞く。それほどに、スレブレニツァのハチミツの品質は良かったのである。それはまた、この地域の自然環境がいいことの証明でもある。ムヨもサルコもボシュニャク住民であったが、ライバル意識は強く、合同事業を提案してもなかなか同意しなかった。

　このハチミツ本当においしいですよね。お土産として最も喜ばれたものでした。

ハチミツも、ラズベリーも、イチゴも、トマトも、本当に高品質。こういうのを見ると「なんで虐殺が起きるのだよ」っていつも疑問に思うよ。

感謝の念を伝えに来るほどの結果を残すことは難しい

2007年9月11日、雨の降る肌寒い午後、セルビア住民の若い青年が事務所を訪れた。お礼を言いに来たのである。彼の話によると、紛争前はおじいさんの代から養蜂事業を行っていたが、先の紛争でやめてから15年間再開ができなかったという。受益者がわざわざ事務所まで来てお礼を言うのは始めてで、特に彼の場合、援助事業を批判していた一人であっただけに、養蜂を再開できたことがよほど嬉しかったようである。常に不平を言いにしか訪問しない事務所へ、わざわざお礼を言いに来たのは意外であった。相手側政府や関係機関からの一見大きな感謝より、こうした末端受益者の小さな感謝の積み重ねが、援助活動では最も重要で真なる成果である。私は彼のお礼で「この支援事業は成功した」と確信した。私は1975年から2013年までに7カ国で9件のJICA支援事業に参加した。この9事業で住民が事務所や私の下宿まで感謝の気持ちを伝えに来たの

は、この養蜂の青年を含めて2回しかない。もちろん、9支援事業では我々は一生懸命仕事をした。しかし、住民が素直に本当に感謝の念を伝えに来るほどの結果を残すことは難しいのである。

　ついでにもう一つ。2007年12月22日の「市役所の日」、JICAの支援に対しスレブレニツァ市役所から感謝状が贈られた。空手の上達で賞を受けたスケラニの10歳の少女と共に、私はこれを受け取った。彼女は活発な明るい少女である。その受賞と受賞式の連絡をもらったのが土日を挟んで4日前と、いつもながらのショートノーティス（締め切りまでの期限が短いこと）はご愛敬である。

　市役所のそばにある文化会館は200人以上を収容できる大きな建物だが、暖房がなく、当然ながら非常に寒い。挨拶する市長も賞を授与する市会議員も、コートを着込んでの極寒受賞式である。受賞式の前には、地元の学生による市議会をパロディ化した劇が舞台で上演された。内容は、誰も開始時間を守らず、自分勝手な意見ばかりをいう議員たちに議長がキレ、突っ込みを入れてゆくという往年のドリフのようなコメディであった。しかしその内容は少し真に迫ったものがあった。ある議員は自分の家族親類に利益のある事業ばかりを主張し、ある議員は4年の任期中に数度しか顔を出さなかったりと、いかにも実際の議会でありそうなリアルな内容である。子供たちは大人たちが選んだ議員たちが何をやっているのかを聞き、そしてそれを皮肉たっぷりに「市役所の日」に関係者の目の前で演じたのである。

　最前列に座っていた市議会議長や他の議員たちだけでなく、彼らを選んだ大人たちに対しても子供たちの皮肉は届いたであろうか。それともただのコメディとして受け取り、笑い飛ばしただけだったのであろうか（多分後者かな）。子供たちが、「そういう議員たちが選ばれること」、「そういう議員たちを選ぶこと」を当たり前だと思ってしまうのが一番怖い。今回の劇を見る限りは、子供たちは議員たちや大人たちに対する批判の心を持ってい

ると感じた。果たしてこれを、社会のしがらみや社会的責任が重くなる大人になった時にも維持しておけるのだろうか。

ロゴマーク作成で、本性にかかわる議論ができた

2007年の正月、NGO Podrinje 1のブランキッツアから提案があった。我々が生産した商品を、同じ名前とロゴを付けて販売すればスケラニの名前も知れ渡ると、ロゴの作成を進言したのである。イチゴ、トマト、マッシュルーム、ハーブなどの販売が現実のものとなりつつあり、皆が2007年の収穫を期待していた時であった。そこでみんなでアイデアを出しあうことになった。そして決まったのが、5NGOにちなんでタラ山とドリナの川を5本線で表現したロゴデザインである。Darovi Drineは「ドリナ川からの贈り物（Darovi）」である。このロゴを決める際も、民族意識や紛争の出来事で議論は紛糾した。セルビア側にあるタラ山は、ドリナ川からせり上がる両民族が親しみを持っている山である。

最初はNGO Drinaのグリシッジが提案したTrace Drina=「ドリナの足跡」であった。しかしNGO Zadrugarのメフィーから意見が出され、再度検討されることになった。メフィーの意見は、「ドリナ川は両民族が愛する川でよいが、Traceには過去の足跡の意味があり、自分の父はこの川で殺されている。過去を思い出させるような名前は使いたくない。干草をサラエボ等で販売する場合、この名前では売れない」というものだっ

た。多くのボシュニャク住民はドリナ川に対して悲しい記憶がある。また、セルビア住民にも同様の意見があり、第二次世界大戦時にはセルビア住民がこの川で多く殺害されたという。ドリナの川沿いでは有史以来多くの戦争、紛争が繰り返されており、彼らにとっては愛する川だけど悲しい記憶も多い川なのだ。グリシッジは、Traceはドリナ川がもたらした肥沃な土地を意味すると説明したが、誤解を招く名前は避けることと、過去を振り返るより未来志向であるべきとの意見から、人の感情が入らないDarovi Drineに決まった。

　また、文字についても議論された。セルビア住民のグリシッジはキリル文字を使用したく、ボシュニャク住民のメフィーやアルミルはローマ字表記を希望した。この判断には私も困ったが、市役所のミチョから、市のシンボルはローマ字のSを用いているとの意見が出て、市がローマ字であれば我々もローマ字にという理由で決まった。市がSとした理由は、外国人も多く訪れるから彼らにも解るようにとの実に単純な理由であるが、極めて危険な問題だからこそ反対に単純な理由づけをしたのだと思った。

 ナイスフォロー。さすが、ミチョ。

　彼の風貌はバルカン僻地の気の良いおやじだな。彼もスケラニの3人職員の平穏な事務所で定年を迎えるのに気を使っていたな。スレブレニツァの市役所まで、毎日40kmの山道をそれも冬に通うのは大変だよ。スケラニに住むミチョがスレブレニツァへの転勤を避ける努力は理解できるな。でも、スケラニから朝夕にスレブレニツァまでのバスが1往復運航されていただろ。あれはUNDPの支援だけど。毎日通っているおばちゃんや学生もいたな。バスは4時頃に出発していたよ。それとこのバスは、おばあちゃん達が月一回の年金をもらいに行くには重宝していた。ところでミチョにとっても我々の事業に関

わったことは良かったんじゃないかな。ベスナも言っていたけど「私なんかこの事業に関わらなかったら、誰も話しかけてこなかったけど、今は行き帰りにいろいろな人と話すようになった」って。まあ関係者がハッピーになったことは良かったよ。彼女は毎日バイナバシュタから歩いて通っていたからな。あの距離は片道3kmはあるよ。

市役所のマーク

　また、Skelani, Srebrenicaを入れることには、セルビア住民のグリシッジは消極的であった。彼らには、先の紛争の後ろめたさがあるのか、スレブレニツァの地名を伏せたがる傾向があり、逆にボシュニャクのメフィーは地名を入れることを強く主張した。ボシュニャク住民はこの地名を誇りにする傾向がある。私は地名が入らないと意味がないと考えるので、スレブレニツァの復興をアピールするためにも入れるべきと説明したところ皆が了解し、最後は皆笑顔で決めることができた。これを決めるのに2週間を要した。しかし、彼らの本性に関わることを議論できたことは、民族融和を目的とした我々の事業にとって大きな進歩であった。

困難が多い事業が民族融和のきっかけになる

　2008年2月26日、スレブレニツァ市役所、全MZ責任者、住民80名を対

象に、我々の事業成果を報告するセミナーを実施した。ちょうど支援事業開始2年を経過していた。セミナーの挨拶では、ボシュニャク市長のマルキッチやセルビア住民議長のパビロッチが、民族和解について発言した。公式な場所でこのような発言を以前は聞かなかった。また、マッシュルーム事業の説明時には、ボシュニャクの住民が「この事業はどうしてボシュニャク住民だけだ？」つまりセルビア住民にも行わさせるべきだと言い、ことあるごとにJICAを強烈に批判していたスケラニのMZ責任者も、今回は「良かった、良かった」で終わった。セミナー以降、色々な変化がある。私が感じている以上にスレブレニツァは変化しているようであった。セミナー翌日、議長のパビロッチが事務所を訪問してきた。突然であった。彼の発言は「住民へ直接裨益する支援をしてくれ」と言い、「セルビア系住民のみへの支援」とは言わなくなった。両民族への可能な限り平等に実施する支援が世論となり、このことを公式の場でも発言できる雰囲気になってきた。NGO Podrinje 1のブランキッツアが、「大きくはないが確実にスケラニの雰囲気が変わってきた」と言っていた。セミナーの新聞報道は3紙を確認したが、いずれもプロジェクトへの評価が高い。ただ民族融和についての記事ではない。最も驚いたのは以下の出来事であった。

　2008年3月1日は春一番のごとく強風が吹き荒れ、トンネルキノコの裏山は山火事に追われた。しかし、ここに3つある地雷は爆発しなかった。この春一番でプロジェクトの温室6棟に被害があった。ビニールが吹き飛ばされ、ずたずたに切り割かれたが、骨組みが壊れることはなかった。しかし、セルビア住民の一棟が、山火事のもらい火でビニールを焼き、開いた穴から強風が入り温室を持ち上げて完全に破壊した。レタスが栽培されていたが裸の畑となった。被害の翌日から担当NGOを中心に、2006年度に供与された両民族の住民6人が話し合い、共同で再建することになった。プロジェクトからは必要資材を提供し、なるべく元の材料を使い、スケラニの鍛冶屋も参加しての再建に取りかかった。このグループは、以前にトマトをサ

第5章　地域資源を再生・育成する

ラエボへ共同出荷したグループで、事業を契機として民族融和がいよいよ始まる期待が出てきた。順調な事業より困難が多い事業が民族融和のきっかけになる、と思われた出来事であった。

市場確保のための国境通過は織り込み済みだった

　2005年8月の調査時から最も懸念したのは、自然環境は良いので農作物の栽培は難しくないが、販売先の目途がつかないことであった。計画通り実施すれば、生産過剰が大きな問題になるのではと本当に心配した。温室200棟から生産される野菜やイチゴをどのように売るか。乾燥ハーブなど買い手がいないのではないか？マッシュルームのような高級野菜が売れるのか？2,000箱の養蜂で生産されたハチミツをどのように売るのか？等々。ただ、これらの生産物は、売れなければ長期保存するか加工すれば良いという考えもあった。しかしNGOも農家も全く心配してないようだった。バイナバシュタで売れる、仲買業者が来る、サラエボやツヅラやビェリナで売ればいいと、50kmも100kmも先の街の名前を言うのである。心配しながら始めてみると、2006年の秋になると確かにイチゴやトマトは問題なく売れていた。また、対岸のバイナバシュタに売り場を確保するなど、住民も努力していた。

　2006年の晩秋、NGO Podrinje 1のブランキッツアが、「セルビア国側のバイナバシュタの市営金曜市場に売り場を確保したい」と相談に来た。売り場を確保すれば、スケラニのおばちゃんが少しずつでも売りに行けると彼女はいう。国境をどのようにパスするのだと聞けば、少しずつなら大丈夫だと答える。私もスケラニに住んで1年、国境の事情も解っていたので「国境通過は可能だろうな」と考え、1年間2カ所の売り場使用料870ユーロをバイナバシュタ市役所に支払った。係員も国境超えに何ら疑問も持たずに場所確保ができた。

　12月16日の金曜日には、スケラニやセルビツァMZの5人の主婦が、温

123

室野菜、卵、豆等を持って国境を渡り売ってきた。一人が手持ちで運べる量は少量であるが、売れ残りはない。少額であっても毎週販売できることから、2008年の1年間で延べ90戸の住民（セルビア住民70%、ボシュニャク住民30%）が利用した。国境を越えてボシュニャク住民が30%も売りに行っていることは意外であった。

バイナバシュタの市場でおばちゃんたちの販売

　もともとは同じ国ですもんね。国境ができたことで迷惑被った人もたくさんいますよね。経済的に。まだあの頃はあの手この手で通過できましたけど、今はどうなんでしょうかね。

　ベスナに昨日（2018年10月）聞いたよ。市場まで行って確認してくれた。2015年頃から市場では、セルビア国内で生産された農作物だけ売ることができるようになって、スケラニのおばちゃんたちは売れなくなったのだって。でも市場周辺の道端や空き地では問題ないのだって。当時でも市場の中より周辺の道や空き地が賑やかだったから。つまり、売ることは続いているのだよ。たくましいおばちゃんたちだから。

2010年の売り上げ総量は、果実（イチゴ、リンゴ、プルーン、その他）

約3,000kg、野菜（トマト、ジャガイモ、豆等）10,450kg、乳製品（チーズ、クリーム等）130kg、鶏卵2,000個、ハチミツ350kg、森からの収穫物（キノコ）500kg、毛織物（ソックス、セーター等）500枚であった。目立つ事業ではないが年間を通じて確実に利用されておばあちゃんの貴重な現金収入となった。また、この地域の住民の冬の食卓の野菜は、酢漬けのパプリカと塩漬けのキャベツが中心で、新鮮な葉菜類は極めて少ない。温室ではネギやホウレンソウの栽培が始まり、評判を聞きつけて温室（ネギとホウレンソウ）1棟分の一括注文も来た。

　現地調査時に最も懸念したのが販売先の確保であったが、販路を確保でき販売が軌道にのった理由は次の通りと考える。

＊この地域は自然豊かな地域で、生産物への「新鮮、無公害、自然産物」という良いイメージが、ボスニア国内はもとよりヨーロッパでも形成されている。ハチミツ、乾燥キノコ、ラズベリーでこのイメージが特に強い。減農薬、有機農業を維持し、さらなるイメージアップを図ることで市場拡大は大いに期待できると考えた。

＊高品質、規格の統一、輸送の改善を行うことで、この地域の生産物への信用をさらに高めることができる。

＊農家はイチゴ、野菜、干草の販売先を、近隣の街はもとより50〜100kmも離れた遠隔都市まで広げて考えている。彼らの考える市場範囲は我々の考えより広範囲である。

＊業者も採算（輸送費）が合えば積極的に買いつけに来る。また、売買契約（委託栽培）を結ぶなど極めて積極的である。閉塞僻地であり虐殺のイメージが強く、我々には業者がこの地域まで来るとは当初考えられなかった。

＊セルビア側の市場など、NGOが中心になって住民への販売場所の提供が行われ、主婦が気楽に少量生産物を販売できるようになった。

＊有機肥料、減農薬での栽培であることから、肥料・農薬経費が節約さ

れることが収益につながった。
＊この地域での農業生産が盛んになってきた2008年6月頃から、スケラニの金物屋のブラゴミールが野菜種子、肥料、農具の販売を始めた。

ラズベリーの生産を本格的に支援
——これって作物？ 栽培されているのを初めて見た

　ラズベリーは作物というより野茨（のいばら）の実のイメージが強く、畑で栽培されているのを初めて見たのは、ブラトナッツのドリナ川沿いであった。2005年にブラトナッツにはラズベリーの冷凍処理兼保存工場があり、生産量は少なかったが工場は稼働していた。当時この地域で唯一稼働していた工場であった。2006年にNGO Drinaがラズベリー灌漑設備の支援を計画していたが、私はラズベリーがこの地域の重要作物と認識していなかった。というより、ケーキやスイーツが全く嫌いな私は、日本のケーキにラズベリーが載っていることすら知らなかった。ラズベリーを作物として見直したのは、2007年7月のこと。ブラトナッツやドリナ川対岸のセルビアの山間で盛んに収穫され、農家が加工場へ持ち込むのを見てからであった。ヨーロッパ各地へ出荷されていたが、どの工場も実の集荷量は加工能力の50％にも満たず、とても注文に応えられる量ではなかった。スレブレニツァ市役所にはラズベリー委員会が設けられ、市でも主たる産物と位置づけていた。2007年にはスウェーデンの会社がポトチャリに新たな冷凍処理工場を建設し、稼働を始めた。

　我々が本格的に支援を始めたのは、支援対象地域を5MZから12MZへ拡大した2008年からであった。最初の苗の植え付けは2008年11月で、32家族が約3.2haに植えた。ラズベリーの収穫期間は7月の3週間で、家族総出で早朝から柔らかい実を一つずつ慎重に摘み取り、薄いトレイに並べるという、とても収穫に労力が必要で慎重に行う必要がある。

第5章　地域資源を再生・育成する

ラズベリーの植え付け

　当時はまだ労働力不足ということはなかったが、収穫期間が3週間と短いことが生産拡大の難しい要因の一つであった。そこで住民は、8月に収穫可能な新品種を試み、従来の品種とともに植え付けた。そして2013年までに399,600株を延べ299家族が植え付けた。これは植え付け面積で約32haに相当する。同年のスレブレニツァ市役所の資料では、市内のラズベリー全生産面積は70.4haであることから、45％は我々が支援した畑ということになる。また、2006年頃は50tの生産量であったが、2017年頃には生産高は800tまで増えた。我々の支援後にはスケラニにもラズベリーの冷凍処理施設が設けられ、ブラトナッツにも新たな加工場が設けられた。つま

家族総出でラズベリーの摘み取り

スケラニの金物屋のブラゴミールが中心に建てたラズベリー冷凍庫

り、この地域に4冷凍処理工場が稼働するほどに生産は増えている。

NHKおはようニッポンで紹介された「15年後の仲直り」

　小規模灌漑システムの設置やラズベリーの新品種の試作などで我々にかかわりのある、セルビア住民のオサットMZ副代表が話をしたいと事務所へ来た。オサットの彼の村から、約300m先の谷を挟んで小さな集落が見える。そこにはボシュニャク住民が3家族ほど住んでいる。紛争前半のボシュニャク勢力が強かった頃、セルビア住民が住んでいた集落はボシュニャク住民から攻撃を受けた時に、歩いて谷を渡りボシュニャク住民の村で匿(かくま)ってもらったことがあるという。当時10家族が住んでいたボシュニャク住民の村では、逃げてきたセルビア住民をしばらく匿い、その後牛車に乗せて干し草で覆い国境のドリナ川のダムまで送ってセルビア国側へ逃がした。

　しかしその後、紛争の形勢は逆転しセルビア住民が攻勢に転ずると、ボシュニャク住民はスレブレニツァ（ポトチャリ）まで追い詰められた。2005年7月の虐殺事件で亡くなった8,000人の中には村の家族が多く含まれていた。紛争前はお互いの家を訪れあっていたセルビア住民の集落とボシュニャク住民の集落の間の行き来は、両民族の住民が帰還した2000年以降途絶えていた。ボシュニャク住民は、我々はあの時セルビア住民を匿い助けてあげたのに、なぜセルビア住民は我々を助けてくれなかったのか。そう思い続けたまま、戦後15年近くが経っていた。

　セルビア住民のオサットMZ副代表はなんとか彼らに恩返しをしたかった。内戦の間、彼らはセルビア国内に避難しており、ボシュニャク住民の虐殺とは個人的には無関係であるが、憎しみを解き昔のような関係を築きたいと思っていると話した。しかし、セルビア住民集落内でのMZ副代表という彼の立場もあり、複雑な状況から直接和解を申し出ることは難しく、我々日本人を通じて彼らに何かをしてあげたいという相談であった。

　そこで、副代表の了承を得たうえでボシュニャク住民と話してみようと、

第5章　地域資源を再生・育成する

我々はまず日本人のみで村を訪れてみた。当時赴任していた石川*専門家は、セルビア語での会話が可能であった。彼らには正直に、MZ副代表の思いを話し、彼の薦めでこの村を訪れたことを告げた。当然、ボシュニャク住民の思いや言い分もある。内戦を通じて彼らのセルビア住民に対する不信や疑問、彼らの悲話もじっくり聞かせてもらった。彼の家族では、夫婦と5歳ぐらいの孫以外はすべて亡くなっていた。彼らの話を聞いたうえで、これからは過去の憎しみよりも子供たちの未来のため、少しずつでも不信を取り除いてゆく努力をするべきではないかと我々から話した。

> 石川雄史専門家
> 　2008年9月から2年間活躍した。ブルガリアの協力隊OBで、その後ベオグラード大学でセルビア語を学び、コソボで国連ボランティアとして活動後、スレブレニツァへ赴任してきた。セルビア語を理解できたので、私以上に地域住民との会話が弾んだ。生産者と共にサラエボにイチゴの販売に訪れた時には、イチゴの箱を抱えて野菜商店を廻り、スレブレニツァのイチゴ宣伝と商店の反応を確認していた。真剣に住民を思うがために、住民との議論も白熱することもあったが、住民が彼を慕っていたのは確かである。住民と直接会話ができたことから、民族問題にかかる微妙な問題の相談が住民から寄せられることもあった。

　このような民族間で解決できない問題は、この社会に多く潜んでいる。先の紛争だけでなく、第一次・第二次大戦時の虐殺の恨みも双方が持っている。この双方の恨みを解消しない限りこの社会に平和は来ない。

　3カ月後の2010年2月、我々は、養蜂事業が主たる収入源のボシュニャク住民が、養蜂箱を作成したいが製材機がないという話を聞いた。一方、セルビア住民は養蜂を始めたかったがその知識がなかった。そこで私は、

129

市役所の担当者のベゴとカタリーナとミチョと養蜂NGO Osatのサルコも交えて話し合った。その結果、JICAが製材機をNGO Osatを通じてボシュニャク住民へ渡すこととボシュニャク住民はセルビア住民に養蜂の技術を教えることに全員が同意した。その後セルビア住民家族はボシュニャク家族を訪問し、紛争以前の交流を取り戻した。このストーリーは2010年に「蜜の谷」というタイトルで「NHKおはようニッポン」で紹介された。

市役所職員と交流を取り戻した住民との話し合い。セルビア住民夫婦が紛争後初めてボスニア住民家族を訪問

家畜市場の開設と羊の品質改善事業
——市場を開設すれば両民族の交流のきっかけになる

「家畜市場をなんとかできないか」——2005年8月、初めてスレブレニツァを訪問した時から市役所に言われていた。スレブレニツァの平地はドリナ河川敷のスケラニ周辺に広がるだけで、大半が山地でブナ林の中に牧草地が広がる景色である。「スイスからアルプス山脈を持ってきたらスイス以上」の景色と私は思う。平地が少ないことから、紛争以前は乳牛や羊の牧畜が主たる産業であり、牧草地の間にラズベリーやプルーン、リンゴの果樹園が設けられた地域である。当時もわずかばかりの羊は飼育されており、その販売は業者が庭先まできての相対取引であった。そのため、価格は農家にとって満足のいくものではなかった。何よりも病気が伝染しな

いように、相対取引の羊の移動は禁止されていた。

　紛争以前は山間地の数カ所に家畜市場が設けられ、月一回の市場日は人々が大勢集まった。小さな野市では、家畜の取引に加えて農作物や日用品の販売も行われていた。つまり、家畜市場は住民の交流の場であった。私は市場を開設すれば両民族の交流のきっかけになると考えていた。そこで、NGO Orhdejaのカタリーナに家畜市場の立地調査を行わせた。彼女は市役所とも相談してトプリツァMZの、スレブレニツァとスケラニ間のちょうど中間地点で集落への支道2本と交差する道路沿いへの設置を提案してきた。紛争以前にこの地域で最も大きい市が立っていた跡地である。この事業は草の根無償資金を利用して市役所、大使館の協力事業とした。

　2007年3月より予定地の整地が始まった。整地の大半が終わった4月末、スレブレニツァのムスリム協会からNGO Orhdeja宛に手紙が届いた。手紙は、ムスリムの墓地に隣接して家畜市場を設置するのはNGO、大使館ともにムスリムへの配慮が足らないとの内容であった。この件は、以前に市議会での市場承認時にも、女性市議会議員から指摘され、5m以上離すということで決着がついていた。しかし、女性市議会議員はムスリム協会のメンバーであったが、協会と相談せず彼女は独断で賛成したようであった。この話には尾ヒレがついて、予定地で二人のセルビア住民が殺され、遺体を埋めたことの発覚を避けるために反対しているとの話まで聞こえてきた。

　確かにこの地点は紛争最前線で、お互いがにらみ合っていた所である。市長もこの問題が起きた当初は、気にせずに事業を進めることをNGOに指示したが、皆が「いまさら」と思いつつ、宗教と墓地のことで強く言えないのが実情であった。工事は約3,500ユーロ（49万円）相当分の整地が終わった時点で、業者からはNGOへこの分の請求書が届いていた。この事業は住民からの期待も大きく、市役所も重要事業と考えており、5月

6日には市長の判断でNGOに新しい候補地が提示され、必要手続きが始まった。問題発覚から1カ月半で代替地まで手配し、この問題を解決させるスピードには驚いた。いつもの市役所では考えられない行動であった。それほどに家畜市場を住民は望んでいたのであろう。予定地は問題の土地から約100m離れただけで、「移動する意味あるのかいな？」と内心皆が思った。しかし意外にも、すでに整備された工事費3,500ユーロはムスリム協会が負担し、新しい土地の整備は市の負担で行われた。ムスリム協会も家畜市場を好意的に考えていたが、墓地に隣接していたから「言わざるを得ない」ということであろう。

　この年の11月頃になると、ブルセラ病という羊の伝染病がこの地域に蔓延し、羊の殺傷処分が各地で行われた。春に住民へUNDPが配布した羊が原因と住民はいうが、真相は不明であった。この病気が沈静するまで、市場の開場や予定していた羊品質改良事業も延期されることになる。12月には大西*専門家が家畜市場の運営準備のために赴任し、市役所、NGO、関係MZ間で市場運営法について協議し、同意書を作成した。また彼は市場開設日を知らせるポスターも作ったが、市場開場の目途が立たずポスターに日付を入れることはできなかった。市場の建物は12月に完成したが、開場したのは約2年後の2010年の9月16日であった。当日は約150頭の羊が持ち込まれ、サラエボやツヅラの3仲買業者が集まり初取引が行われた。全部商談は成立し、価格は今までの庭先での闇取引に比べて50%程度高価なものとなった。

　大西啓一郎専門家
　2007年12月から3カ月赴任し、家畜市場の準備を行った。地域の畜産状況の調査、家畜市場開設への関係役所や地域のMZとの話し合い、家畜体重計などの設備の準備を担当。しかし、羊の伝染病のブレセラ病の蔓延により、彼の赴任中の開場はできなかった。市

場が開場し大西専門家作成のポスターが張られたのは2010年10月であった。

　その後月1回のペースで市が開かれる。これで公に家畜の移動ができ、市場価格で売買が可能になった。しかし2012年1月の豪雪で家畜舎は押しつぶされ、支援事業が終了する2013年11月までに再開はできなかった。市の日には家畜の売買だけでなく、地域の住民が羊毛を紡いで編んだ靴下やジャム等の販売も行われ、まさしく住民交流となった。例年にない豪雪で民家にも被害は出たが、実に残念な結果であった。家畜市場が市役所で再開されることを期待したい。

大西専門家デザインの家畜市場開設のポスター

約15年ぶりに再開された家畜市場

　この地域の羊は、羊毛生産より肉生産が目的である。そのために肉質と量が求められるが、限られた地域での交配が続いたために質量ともに落ちていた。そこで羊の品種改良を目的として、雄の羊を他地域から導入することにした。この事業は市役所の事業として、畜産担当職員のハスミールが行った。当初、家畜市場開設と同じ2007年頃に予定していたが、実施されたのはブルセラ病が沈静した2010年の冬からであった。

　ハスミールは農家の家畜飼育数の調査と配布計画を作成。品質の良い種羊が、北西部のビハッチの近郊のクロアチア国境近くで多く飼育さ

れているとの情報をもとに、この地域から導入することにした。ボスニアの国の北西のクロアチア国境近くから南東のセルビア国境近くまで、当時開店したスレブレニツァの肉屋の家畜輸送トラックを借りて、住民のもとへ運んだ。

　羊の品質改善事業は2回に分けて実施され、198頭の優良種羊がこの地域の100家族に導入された。その後もハスミールは種羊を複数の農家間で融通し合う方法を考えていた。羊の数は2010年に9,600頭であったが、2013年には12,431頭（市役所調査）と徐々に増えている。

住民へ羊の引き渡し

放置された牧草地の再生を試みる
——ワラビに覆われた牧草地が蘇らない限り、この地域の復興はない

　2005年8月に初めてこの地を訪問した時から、「ワラビに覆われた牧草地が蘇らない限り、この地域の復興はないだろう」と考えていたが、具体策が浮かばなかった。そこで、まず試みてみようと、NGO Zadrugarのメフィーの牧草地2haで試作を行った。10年近く放置された牧草地は、ワラビに覆われた中にすでに灌木が伸びていた。まず灌木を切り取り燃やした後に、大型トラクターで2回耕起し7種類の牧草が混ぜられた種を蒔き、再度トラクターで覆土を行った。2006年の11月であった。すると翌春には

一斉に芽を吹き出し、紛争前の牧草地が蘇ったのである。

　この地域では一夏に3回刈り取られ、刈り取られることでさらに緑は深くなっていった。牧草地の再生は可能と判断したが、毎年5〜10トンの種子の確保をどうするか？果たして住民は、山間地の急斜面を耕して牧草地を再生する意欲と労力はあるか？スレブレニツァ全体をどのようにカバーするか？など課題は多かった。まず、住民が苦労してでも播種する意欲を引き出すにはどのような支援をするべきかを考えた。私自身がスレブレニツァの住民になり草地の再生を行うとすれば、お金は無いけれどトラクターと労働力はある。つまりお金を必要とする部分に支援をすれば「やる気」が出るのでは、と考えた。

この支援の絶妙な規模感が大切ですよね。自助努力を引き出すレベル。

「きついけれど頑張ってやるか」と彼らが思う支援。

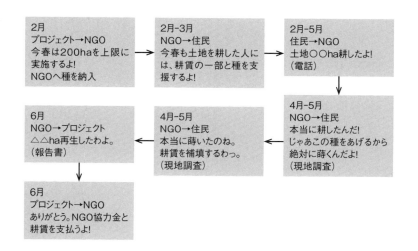

農村を廻った時に住民と話し合い、「種子と燃料費の一部を支援すれば彼らは蒔く」と判断し、種子は1haあたり20kg、燃料費は50%支援の10a当たり5ユーロと決めた。そして、2008年の春に宣伝ビラを作り、各地の電柱に貼り付けた。すると翌日には、住民が我々の事務所やMZ代表へ問い合わせに来るようになった。当初は我々が直接再生予定地の面積を確認し、耕起後に種子を渡し、播種を確認して5ユーロを支払った。種子はブラトナッツやスケラニの農業資材屋を通じて、スロベニア産の種子を確保した。この地域で最も信頼されている種子である。播種を要望する住民が増えると我々だけでは対応できなくなったが、その頃スレブレニツァ市街のNGO New Hopeが我々の事業への参加の申し出があった。

蘇った景観。全世帯の2割が草地再生に参加

JICAの活動は、2006年頃にはスレブレニツァ市街のNGOには敬遠されていたが、この頃になると我々の民族平等支援の評価が高まり、彼らから問い合わせが来るようになった。私は、その中で最も熱心で真面目そうなNGO New Hopeを協力者とした。このNGOはスラビツァとセンカの二人の女性で運営されていた。彼女らはサラエボからスレブレニツァへ移動して生活していた。移動の理由はわからない。

New Hopeの二人はほぼ毎日要望のあった住民の牧草地を訪ねて、巻き尺で荒地のサイズを計測し、耕起を確認後に種子を渡し、播種を確認してトラクター燃料費を住民に渡した。

2009年4月から2カ月で約100haの播種が終わった。2カ月足らずで100haもの播種が行われたのは驚きであるが、昨年度までに48haの播種が終わっているので計150haの牧草地再生が終わったことになる。2008年に播種された牧草地が甦ったことから、この事業の効果を住民、市役所ともに認識し、一気に広がった。2008年から2011年までに、ボシュニャク住民はセルビア住人の2倍以上の草地（ボシュニャク住民：290ha、セル

ビア住人；109ha）を再生した。参加世帯数はボシュニャク家族259、セルビア家族221と大差はないが、当時のおおよその世帯数（ボシュニャク家族；980、セルビア家族；1,450）に対してボシュニャク住民は26％、セルビア住民は15％が事業に参加したことになる。誰でも参加できる事業のわりには少ないと思ったが、全世帯数の20％と考えると多いのかもしれない。事業実施中は全く気づかなかったが、最も山間奥地に位置するラトコビッチMZやラドシェビッチMZの住民は、世帯平均1.2ha（全世帯平均0.8ha）を再生しており、畜産に熱心なことが分かる。

　草地再生事業がうまくいった理由の一つに、土地所有権が明確であったことが挙げられる。共産主義時代から土地を共同利用してみんなで耕していたのではなく、所有土地面積に応じて年貢を納めていたとのこと。現在でも、帰還しない人の土地を隣人が勝手に利用するということはなく、荒れたまま放置されている。この荒地とお化け屋敷と化した廃墟が町の雰囲気を悪くしているので、新しいものをつくるばかりではなく『廃墟取り壊し事業』を誰か実施してくれないかと思った。

　それほどに彼らにとって牧草地は重要なのである。牧草地の再興は畜産事業の再開の出発点でもある。住民は住居を与えられ、耕運機を支給され温室が建てられても、農地が荒廃したままでは何もできない。日本にた

NGO New Hopeによる牧草種子の配布

蘇った牧草地。スレブレニツァで最も良い風景

とえば、15年放置されていた水田を甦らせたことに相当する。この事業は支援事業が終わる2013年11月までの主要事業となり、住民の要望を可能な限り受け入れたことで延べ1,700家族（全家族数の55％）が1,067haの牧草地の再生を行った。これには隣のミリッチ市の牧草地も含まれる。スレブレニツァ市民でもミリッチ市に牧草地を所有する者も多いのだ。再生が終わった草地はゴルフ場のグリーンのように、傾斜地に多く点在している。この景観を見て私は必ずこの地域は蘇ると確信した。

地図でみる草地再生実績（2011年春）

蘇った景観は圧巻でした。

この支援の特徴は、やればやるだけ支援が受けられるところ。実施をNGOに任せており、住民がどれだけの面積を耕したのかを現場で確認し、その面積に応じた種子を供与しています。そして種を蒔いたのをもう一度確認し、0.1haにつき5ユーロの支払いになります。NGOにも1haにつき20ユーロ支払われることになっているので、とても熱心です。プロジェクト（政府含む）-NGO-住民がWin-Win-Winの関係になっています。こういう簡単なようでなかなか思いつかないト

リックが、隠居流には多々みられます。そして、担当NGOはセルビア住民ですが、彼女たちが村中を走り回ることにより、両民族間のコミュニケーションも生まれています。

この事業でスレブレニツァの復興は一段落だったな。まさかこんなに景色が変わり、住民が熱心に牧草種を蒔くとは予想外だった。これで紛争の傷跡はだいぶんなくなったよ。並行して住民の心の傷も無くなってくれればいいな。多分そうなると思うよ。

あの、トラクターで耕起できない急斜面を馬で耕起という中世の世界を展開して、放置牧草地の再生はちょっと感激だな。牧畜の復興と、景観が甦ることで人々も心も極々僅かだけど優しくなるのでは??

金のバラマキに見えるけど、あの急斜面では5ユーロもらっても赤字だな。彼らは資金がないの。その資金をギリギリの額でサポートすることで実施するの。絶対100%支援にせず、最初は70%ぐらいが適当量。そして、『効果あり』と解かれば、自ら実施するさ。どのような事業だって、研究・展示と順番どおり行うことはないのさ。技術は農家にあるの。ちょっと後押しだよ。そして、徐々に支援額を減らしていくのさ。常に「俺が農家やNGOだったら、援助どう思うかな?」と考えればわかることだよ。調査とか評価結果で方針や事業を提言しても、肝心なのは彼らの心、意識、心理のようなものを掴めるかだな。こういう感覚は学校での勉強だけではダメ。いくら研究してもダメ。途上国の人間の考えを理解することだよ。これも、わざわざ対象地域に入らなくとも、おおよその想像がつくようにならんと専門家はできないのさ!!!!

　長年の避難生活から帰還した住民の最も心配なことは、将来の生活への不安ではないか。もちろん今日の食糧、雨露をしのぐ家屋も必要であるが、家の周りを見れば荒れ放題で以前の牧草地もワラビに覆われ、ラズベリー畑もすべて荒れているのを前に途方に暮れる。家畜舎も新たに建てな

ければならない。この風景は自宅周辺だけでなくスレブレニツァ全体が破壊
と荒れ果てた景観である。人々が完全にこの地で生活を再開するには、
スレブレニツァ全体の景観が以前のように回復すること。それで両民族の
人々の心は安らぎ、スレブレニツァの平和につながるのではないか。私は、
家畜の牧草確保とともにこの地を以前の萌黄色の牧草の緑に戻すことで
人々の心も和らぐと考えた。人々は食料と住居を得れば安心して生活でき
るわけではない。昔から住み慣れた所で見慣れた景観を取り戻すことで、
恒久的な平和と平穏な心を取り戻せると思う。

灌漑水の確保も兼ねた水道施設の改修を住民に提案する

　紛争前はスレブレニツァとスケラニの市街を除いて、集落の裏山の標高
の高いところに湧き出る水を1㎥程度の貯水槽にためて各家庭に送水して
いた。この設備の大半が破壊され放置されていた。人々は家の近くのわず
かな湧水をバケツで運ぶという、21世紀のヨーロッパとは考えられない方
法で生活用水を確保していた。この施設の改修には経費が必要であり、
何よりも利用者の総意のもとに全員で改修する必要があった。紛争以前は
両民族が同じ水源から水を得た所も多く、この改修には両民族の同意の
もとに実施する必要があったが、2008年頃の集落にはこれを提案できるだ
けの雰囲気が醸成されていなかった。

　そこで我々は、生活用水の確保とともに野菜やラズベリーの灌漑水の
確保も兼ねた水道施設の改修を住民に提案した。すると、各地の集落か
ら依頼が来た。水道パイプ等の材料の確保は可能だが、山間地の高低
差の大きい複雑な地域での事業には、水道敷設の専門家が必要と考え
た。技術者の確保は難しいだろうと思いながらスケラニ市役所分室のミチョ
に相談したところ、「サラエボ大学で土木を学んだ同年代のミリサブ＊が、
バイナバシュタにいるよ」とのことで、彼を中心に工事を行うことにした。彼
の実家はコストロムッチMZにあり、兄は水車で小麦の製粉事業を行って

いた。彼の挽いた粉で焼くパンは美味しいとの評判であった。まあ私も気分的においしいと感じた。

*エンジニアのミリサブ（セルビア住民）
　ミチョ同様にサラエボ大学を卒業した土木のエンジニア。測量器具もなく地図一枚で集落の水道の設計から現場指揮まで行い、すべて成功させた。

　支援の方法だが、まず希望する集落へエンジニアと市役所職員と出かけ、集落住民と水道改修について話し合う。我々は材料を提供しエンジニアはアドバイスするが、工事に関しては集落住民すべてが参加するという条件をつけた。当初、2〜3の集落は民族間で同意ができずその時は決裂したが、3〜4カ月たつと「やっぱり修理したい」と我々の事務所を訪れた。そしてエンジニアの計算と指導の下、水道改修工事は行われた。紛争前と同じ高低差を利用した自然落下方式だが、灌漑用の水の確保を兼ねること、そして以前の水源が枯れた所では水量の多い標高の低いところから高地へ揚水し、各家庭へ自然落下方式で送水する必要があった。水源から約500m離れた高地に大きなタンクを設けて再度各家庭へ送

エンジニアと住民による共同作業

る大規模工事も多かったが、すべてエンジニアの計算と指導のもとで実施された。電気ポンプを利用した集落では、電気代の徴収も住民が行うことにした。29カ所の集落で改修を行ったが、失敗はゼロであった。ミリサブの知識と技術は驚くべきもので、彼は等高線の入った地図を片手に送水経路を決め、現地測量を行ったのは確か2カ所と記憶している。この工事で家庭用水の確保とラズベリーへの灌漑が可能になった。

　コストロムッチMZの橋は幅3m・長さ5mの小さな橋であるが、車は川の中を通っていたので増水時には通行不可能になった。対岸にはセルビア住民5家族が住んでいる。よほど要望が強かったのか、MZ総代のミロミール*指揮の下、わずか1週間で橋を作り上げた。工事が始まったことを我々も知らないうちに完成した。集落の公共物であっても住民が作業を無償で手伝うことはないが、少なくともJICAの支援は、自らの負担無しでは受けられないことを理解するようになった。これは他の事業も同様である。橋は2カ所で改修された。

＊コストロムッチMZのミロミール（セルビア住民）
　MZの代表者であり、常にMZの住民の生活のために働いていた。雪が積もれば村の道の雪かきを行い、2〜3家族の集落への橋が必要であれば、我々に資材を依頼し工事は自ら行っていた。

　紛争以前、オサットMZのある両民族の集落は同一水源を利用し、水源には同量の水槽枡が2つ作られてそれぞれの集落へ平等に送水されていた。紛争初期にボシュニャク住民がセルビア住民の集落を襲い、セルビア住民用の水槽枡や送水パイプを破壊。そのまま2009年夏まで放置され、セルビア住民は集落周辺の僅かな湧き水を利用していた。彼らは我々の支援で水道施設の改修を行ったが、技術的にも経済的にも住民で十分に修復できる規模であった。それが紛争15年以上も放置されていたのは、

第5章　地域資源を再生・育成する

近くの湧水をバケツで汲む生活から解放されたおば　コストロムッチの橋
あちゃん

いくら表面上は平穏であっても、紛争被害を両民族が話し合って解決するまでには信頼感が戻っていなかったということだ。今回第三者の我々が仲介することで両民族が改修に同意したのである。このような両民族間で解決できない多くの問題が住民間に存在している。

民族融和の種まきになる幼稚園を開園する

　2007年の6月頃、NGO Zadrugarのメフィーが事務所へきて、「俺がセルビア住民の家の前をトラクターで通ると、小さい男の子が石をぶつける仕草をする」と言った。もちろん就学前の子供に民族意識はないだろうが、幼児の時から民族間の違和感がある社会で成長すれば、無意識のうちに民族意識が育つのではないか。また、冬の夜長に家族が話す民族批判を聞いている子供にも民族意識が植え付けられ、お互いを憎むようになるのではないか。その兆候が、小さい子供の石をぶつける仕草に現われると推測した。まさに「三つ子の魂百までも」である。2008年頃になると、各事業を通じた交流が活発になっていたので、住民の民族意識は心からなくなることはないが、一時的でも薄くなっているのではと期待していた。2008年2月のセミナーでも、市長や市議会議長が民族融和について話すなど、「幼稚園の開設が可能」な段階にきたと考えた。

143

家族にとって最も大事な幼児を、両民族が遊ぶ幼稚園へ安心して預けるほどに住民の意識が変化すれば、我々の支援が民族融和に寄与した証だろうなと考えていた。小学校の年齢になればすでに民族意識が芽生えているが、それ以前の物心つく前から一緒に遊べば、民族意識は少しでも薄くなって大人になるのではないか。この成果は子供たちが成人するまで解らないが、「これこそ民族融和の種まき」と私は考えた。そして一緒に遊ぶことと、お遊戯、歌、工作、お絵かきを中心にして、スケラニ小学校の予備校にならない幼稚園ができればと考えた。幼稚園の名前は「なかよし幼稚園」とし、市役所やスレブレニツァの幼稚園、スケラニ小学校の校長先生に説明すると全員が理解してくれた。むしろ幼稚園に消極的だったのは日本側であった。「治安の悪いところで幼稚園を開いて問題ないか。幼稚園が平和構築に必要か。子供の教育より親の教育ではないか」など、意見はいろいろ寄せられたが肯定的な意見はなかった。

　そこで、2008年7月にこの地域の就学前の幼児の数を調べるとともに、幼稚園開設へのアンケートを全幼児の母親に行った。スケラニ周辺の就学前の子供は50名、ボシュニャクの幼児は9名であった。幼稚園の開設には全員が賛成し、開園すれば子供を連れていきたいと答えた。特にボシュニャクの家族も全員が希望した。

　しかし、雑なご隠居がどうして幼稚園だったんですか？イメージが合わないですよ。

　メフィーの話の前に、スケラニの母親から幼稚園設置の要望が強かったの。NGO Podrinje 1に主婦の要望を聞く集会を開かせたことがあって、60人くらい集まり婦人会館的な要望が最も多く、その中で幼稚園の開設要望も強かったの。冬場の遊び場も兼ねて、市の出張所に部屋を借りて、おもちゃくらい買っても良いかと考えた時もあったの。プロジェクト期間中に民族間の融和への兆候が現れ

第5章　地域資源を再生・育成する

始めたら、バイナバシュタ・ダム湖畔に民族融和コミュニティーセンター
を日本の協力で建設しよう。そこに幼児教育、婦人教育、その他研
修、観光誘致の施設ができたら、民族融和へ我々の支援が寄与し
たことの証になるだろうな、と考えたこともあった。何か残る施設を作り
たかった。でもコミュニティーセンターは時間がかかるし…。幼稚園の
決断はメフィーの言葉だよ。

ポトチャリでも開園。3幼稚園の合同遠足・運動会に発展

　2009年9月の開園を目指して準備が始まった。構想を市長とスレブレニ
ツァの幼稚園と協議したところ、新たな幼稚園の開園となると規定が厳し
く、手続きに1〜2年を要するとのこと。そこで、スレブレニツァ幼稚園の分
園と位置づけることにした。これにより煩雑な手続きは必要なくなった。場
所は、スケラニ小学校の物置であった空き教室を改造した。幼児用の机、
イス、お遊戯道具、子供用トイレ、子供用洗面所等々私にとっては未知
の世界であったが、各地の幼稚園を参考に少しずつ整えた。日本へ帰
国した時には、娘の子供時代のぬいぐるみをトランク一杯運んだ。そして
2009年8月から3カ月間、桜井*専門家が赴任して幼稚園の開園準備と初
期の運営を3人の先生と共に行った。

*桜井恵子専門家

　2009年8月より3カ月、2012年1月より3カ月、幼稚園の準備のため
に赴任した。彼女はモルジブ派遣の協力隊OBで、モルジブ、ヨルダ
ン、アラブ首長国連邦のアブダビで幼児教育協力の経験があった。
幼児保育は民族問題で最も神経を使うところ。幼児教育の経験のな
い先生をリードし、彼女の積極的な行動で幼稚園開園にこぎつけた。

果たして子供が集まるだろうか？特にボシュニャクの子供にとっては多くのセルビア住民の子供の中に入っていくだろうか？毎月20ユーロの保育料を保護者は負担できるだろうか？開園まで心配は尽きなかった。そして9月1日当日。朝8時には、29名の幼児が母親に手をつながれて登園してきた。ボシュニャクの幼児8名も含まれていた。この光景を見て私は「スレブレニツァでの我々の支援は、完全に住民に受け入れられ成功」と確信したのだった。
　10月の遠足は国境を越えてセルビアのモクラゴラへ汽車に乗りに行った。翌年はベオグラードの動物園への遠足であった。この費用全額をスケラニの金物屋のブラゴミールが負担してくれた。またエレクトーンを備え、週1回、音楽の先生が来て音楽教育も実施した。12月のクリスマスにはサンタクロースも来てパーティーが行われた。セルビア正教を信じる生徒とイスラム教を信じる子供たちが、サンタクロースを迎えたのである。父兄から批判が出るか心配したが、母親も参加して楽しんだ。
　日本同様、クリスマスに宗教的意識は薄く冬のお祭りである。しかし、2010年にはサラエボの幼稚園でクリスマスパーティー禁止の通達がムスリム協会から出て話題になった。住民が気にしていないお祭りにも宗教を持ち出して、民族問題を複雑にしているのである。日常生活において民族

入園式

遠足

第5章 地域資源を再生・育成する

クリスマス

問題が見られなくなると、政治団体や宗教団体の危機感は大きくなる。明らかに民族問題は住民間より政治団体と宗教団体の権力維持の道具に使われている。

　毎日送迎する母親の間でも会話が生まれた。子供のことや今日の晩御飯の相談とかたわいない会話であるが、両民族が抵抗なしに会話が自然に起きたのである。子供は親の間の潤滑油にもなった。

　この幼稚園は、スケラニというセルビア住民が大半の地域の幼稚園であったが、スケラニなかよし幼稚園が開園して1年後の2010年に市役所は、ボシュニャク住民の多いポトチャリの小学校に併設した幼稚園の設置を提案してきた。ポトチャリ小学校は虐殺記念墓地から200mと近いところにある。スケラニに対して対照的なポトチャリでの幼稚園の開設は、民族融和を目指す支援事業としても意義はある。しかし、果たしてセルビア住民の幼児が入園するか心配であった。2011年6月の調査によれば就学前の子供が44人で、その内訳はボシュニャクの子供38人、セルビア住民の子供6人であった。ボシュニャクの親は全員が入園の意思があったが、セルビア住民の親は3名が入園希望、3名が意思なしとの回答であった。ポトチャリはセルビア住人が多いブラトナッツに近いこともあり、セルビア住民の幼児はブラトナッツの幼稚園へ通っていた。

我々は、セルビア住民の子供は期待できないと思いつつ準備を始めた。スケラニでの開園の経験があったことから、準備は順調に進んだ。そして2011年9月1日、ポトチャリの「なかよし幼稚園」は開園した。入園したのはボシュニャク園児24人、セルビア園児1人であった。一人でもセルビア園児が入園したことで一安心であった。3年目のスケラニなかよし幼稚園ではセルビア園児23人、ボシュニャク園児2人であった。2012年1月よりスケラニなかよし幼稚園開園時に活躍した桜井専門家が再赴任し、両幼稚園へ支援を行った。

　また2011年の11月には、スケラニなかよし幼稚園12園児、ポトチャリなかよし幼稚園22園児、スレブレニツァ幼稚園3園児の合同遠足が行われた。母親や先生を含めると総勢70名がバスを借り切ってビシェグラードへ行った。行き先を決めるにも、サラエボはセルビア住民が賛成せず、ベオグラードはボシュニャク住民が賛成せず、ノーベル賞を受賞した小説「ドリナの橋」で有名で歴史的なビシェグラードに決まったが、園児にとってはサラエボかベオグラードの動物園が良かったであろう。ビシェグラードでは地元の幼稚園との交流会も行った。

　2012年2月には、総勢178名が参加して運動会が行われた。以前はスケラニ市として独立したいとまで言っていたほど、スケラニ（セルビア住民）

このような子供の表情が普通に見られるスレブレニツァ

第5章　地域資源を再生・育成する

とスレブレニツァ（ボシュニャク住民）やポトチャリ（ボシュニャク住民）は敵対していたが、幼稚園を通じた交流が両親、先生、役人にまで広がった。市議会議員（ボシュニャク）も子供を連れて参加。園長は来年以降も続ける！と張り切っていた。

　幼稚園構想は2005年8月に初めてこの地を訪れた時には全く考えられないことであった。当時は、いかに両民族間でトラブルが起きないように支援活動を行うか、慎重に慎重に始めた。3幼稚園が合同遠足や運動会を実施し、訪問先の幼稚園との交流が行われるようになるなんて誰が予想したであろうか。この幼稚園が開園できたのは、果樹や養蜂やハーブや野菜やイチゴやラズベリーや牧草や水道事業などを通じて、住民間の交流や会話が始められたからである。つまりこの幼稚園は我々の支援事業の集大成といえるだろう。

第6章

民族融和・復興支援事業を終えて

1 想定以上の成果

　前章に紹介した事業以外にも、ソバ、ヘーゼルナッツ、栗、ブラックベリー、ブルーベリー、日本アカシア、インゲン豆、ジャガイモ、野菜苗の生産など、住民の要望する事業や可能性のある事業を多く取り入れた。これらの事業規模も決して小さくなく、最も規模の小さかったインゲン豆の普及でも、4年間に生産した家族数は延べ206家族・年平均100kgの生産をあげている。金額にして1家族当たり約175ユーロの収入である。このインゲン豆は、この地域では新種で食味が良い。また古い果樹の更新と果樹の剪定の普及を兼ねて、農家の古いプルーン、リンゴ、ナシの剪定を4年間に5,000本実施したことで、住民は剪定の効果に気づいた。従来の支援事業であれば決して規模の小さい事業ではないが、今回の支援事業では少し日陰の事業であった。

　我々の予算は、他の支援事業と比較して特段多い訳ではない。しかし従来の支援事業で実施される、試験、試作、展示、研修は極力行わず、住民の畑で直接実施した。新しい作物も住民の畑で試みて、研修も住民の畑で行い、講師は地域の篤農家に依頼した。それでも8年間に実施した研修や話し合いは199回を数え、受講者数は延べ3,450人にのぼった。また事務所の管理費も極力抑え、たとえ1ユーロでも住民へ直接届くように心がけた結果、想定以上の事業が想定以上の規模で実施でき、想定以上の成果を得ることができた。

【活動成果】

果樹苗植え付け	果樹：(835家族) 58,420株	農機共同利用	農業機械： 2NGO、5MZ	
養蜂	養蜂箱：(510家族) 2,216箱	飲用・灌漑用 水道補修	灌漑： 29カ所	
ラズベリー生産	ラズベリー：(299家族) 399,600株(26.6ha)	架橋	橋： 2カ所	
ブルーベリー生産	ブルーベリー：(38家族) 4,200株	幼稚園開設	プレイルーム：(162園児) 2カ所	

温室イチゴ・野菜生産	温室：(256家族) 256棟	栗苗植え付け	栗：(940家族) 6,000株
牧草地再生	牧草：(1,700家族) 1,067ha	ヘーゼルナッツ苗の植え付け	ヘーゼルナッツ：(350家族) 1,300株
野菜苗生産	苗栽培： 3農家	家畜市場整備	1カ所
羊の改善	羊：(100家族) 198頭	ハーブの生産加工	ハーブ：栽培、加工場(日本大使館)(48家族)

（1）支援を受けた家族数／1家族当たり2.6事業に参加

　2006年から2012年まで、支援を受けた家族数の伸びを描いたのが下の地図である。8年間に支援事業に参加した家族数は、把握している数だけでも延べ5,188家族である。2011年のスレブレニツァの総家族数は3,052である。つまり1家族当たり平均1.7事業に参加したことになる。ただ3,052はスレブレニツァ市街の家族数も含めた数字である。支援の大半は農村地帯なので、スレブレ市街を除いた農村地域18MZの1,952家族を母数とすると、平均2.6事業に参加していたと推測できる。民族別家族数や受益者数の記録もないが、両民族すべてが何らかの支援を受けたことはこの数字から容易に判断されるであろう。

2006年から2012年まで支援を受けた家族数

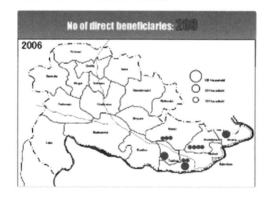

第6章 民族融和・復興支援事業を終えて

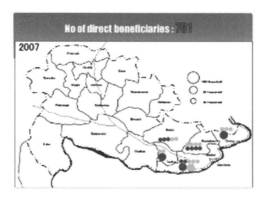

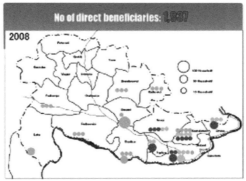

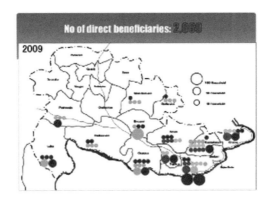

155

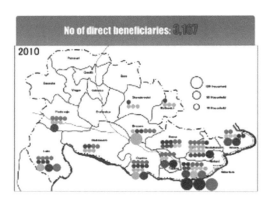
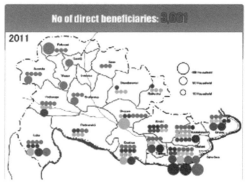
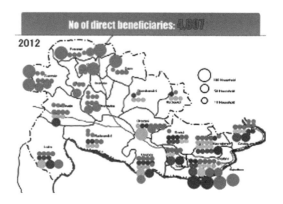

（2）住民の収入／大きく伸び、さらなる収入増が見込まれる

　12MZ（2006年からの対象地域、上の図）と6MZ（2011年からの対象地域、下の図）とに分けて、それぞれ以下に示す。2006年からの対象地域では、2010年と2013年の間に収入が大きくのびている。2006年より植え始めた果樹が本格的に実を付け始め、牧草地が甦り牛乳生産の

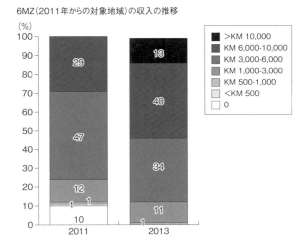

12MZ（2006年からの対象地域）の収入の推移

6MZ（2011年からの対象地域）の収入の推移

増加に結びつき、また羊の頭数が増え始めたことなどが収入に結びついていると思われる。12MZ、6MZにおいて、今後も今年度までの活動の成果が更なる収入増加に繋がっていくと考えられる。

(3) 住民の収入源内訳／我々が支援した事業が主たる収入源に

住民の主たる収入源は農牧畜業である。このうち、我々が支援を行った事業が主たる収入源になっていることから、我々の支援は妥当であったということであろう。またセルビア住人とボシュニャク住人で趣向が違うのが興味深い。支援活動においても、受益者選定において、作物栽培はセルビア住人、畜産はボシュニャク住人に偏るなどの傾向が顕著に見られた。

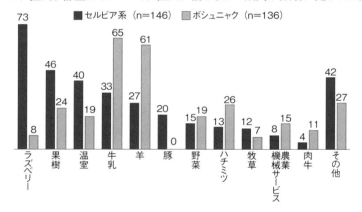

(4) 民族共存のために必要と考えるもの／生活を支える経済活動に集中

住民の考えるのは経済活動にかかる項目ばかり（その他は観光と工芸）。まだまだ生活が苦しく、それ以外のことを考える余裕がないのか？あるいは、そもそも紛争は外の力によって起こされ、自分達はまきこまれただけ。それは政治家や国際社会の問題で、我々とは関係ないというところであろうか。

第6章 民族融和・復興支援事業を終えて

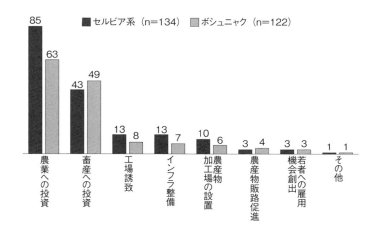

（5）心の安定／幸福で将来に希望を抱いている人が多い

　紛争影響地においては、対象住民の心の安定を図ることが大切なのではないかと考え、それを把握できるかもしれない調査を試験的に実施した。対象はランダムに抽出した15歳以上の住民368名である。結果は以下のとおり。9項目においてそれぞれ5段階評価で5が最もポジティブ、1が最もネガティブな回答である。

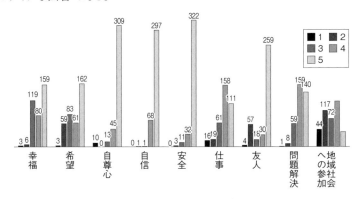

　比較的幸福で、将来に希望を抱いている人が多い。悲惨な過去を経

159

験したからこそなのか、それとも民族的に楽観的な人たちなのだろうか？そして、自尊心が高く、自信のある人間が圧倒的に多いようである。だから喧嘩になると極端に走るのではないかとも思う。我々がスケラニに住んでいて感じるのと同じく、地域住民も極めて安全だと感じているようである。仕事（農業）にもそこそこ満足している人が多い。これだけ見ると、とても平和で幸福な農村社会に戻ったようである。

（6）帰還年／ピークはセルビア住民96年、ボシュニャク住民02年

セルビア住人の帰還年は1996年がピーク、ボシュニャク住人の帰還は2002年がピークである。セルビア住人にはほとんど支援が行われず、2000年頃よりボシュニャク住民に偏った支援が行われていたとしたら、本プロジェクトがセルビア住民優勢のスケラニにて支援を開始できたことは、図らずも地域安定に貢献したようである。

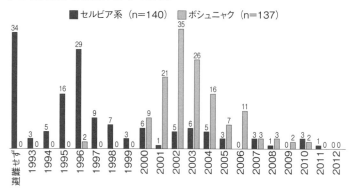

2 何に気づいたか、何を学んだか

民族融和事業では、住民間の交流・会話を活発にすることが第1段階である。少数の事業や限られた少人数を対象とした事業では、民族融和に必要な交流・会話は地域全体へ広がらない。事業の規模に関わらず、

第6章　民族融和・復興支援事業を終えて

広域の多くの人々が参加できる事業を数多く実施することだ。それにより、多くの人々の間に交流が生まれ複数の話題が提供され、「話はつきない」という状況が地域に生まれる。この交流・会話の網の目状態を発生させることが民族融和の出発点である。

　本プロジェクトでは19事業が展開され、延べ受益者数は5,000名以上に達した。つまり対象地域の全2,000家族が何らかの複数事業に参加したことになる。そして、複数の事業を通じて家族間に会話交流の機会が生まれ、地域全体には細かい会話網が発生し、事業に関する話題から日々の話題にまで発展し、事業参加者は民族間を越えて会話の機会を得ることができた。最初は同じ民族間での事業に関する会話であろう。次に会話は、両民族間の事業の話から集落の話へと発展する。幼稚園や集落内の水道改修事業を両民族の共同作業でできたのは、その前に牧草、果樹、温室、養蜂などの事業を地域全体のすべての住民に広げ、紛争以前の集落内の社会を復活した段階で開始したからだと思う。でなければ、両民族からの反対もなく受け入れられなかったであろう。

　下の図は、この支援事業を通じて構築された地域の会話網である。こ

援助の網目

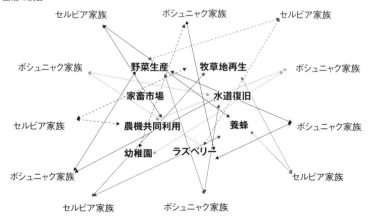

の図を求めた8年間であった。つまり民族融和、復興支援において、事業は、住民間に会話を復活させる手法に過ぎないのである。

（1）専門家には援助の職人的要素も必要だ

　民族融和を求めた協力は、単なる技術移転や事業達成だけではなく、事業成果のもとにさらに民族融和へつなげてはじめて目的達成となる。専門家の立場は中立で、両民族から一定の信頼を得、頼られることが必須条件である。事業は専門家が信頼を得るための手段でもある。従来の技術移転でも相互信頼は必要であるが、民族融和事業では極めて強い相互信頼感が生まれないと民族問題に直接関与できない。専門家には専門分野の知識以外に、長い活動経験を通じて培われる援助の職人的要素も必要である。技術・技能・理論・学問・金だけでは不可能なのが援助である。農業分野であれば農業全般の知識・技能は絶対条件で、社会観察、状況判断、民族融和、平和構築の一般知識に加えて、事業の予見力、構想力、実行力が要求される。地域の状況を見てプロジェクトを予見し、各事業の構想を立て、過程と結果を見据えた実行力である。この能力無しに専門家は成り立たない。またこの専門家能力は、すべての援助プロジェクトに求められる。平和構築や民族融和プロジェクトに限ったことではない。「相手側の気持ちが解る、心を読み取る、感じる能力」も絶対外せない専門家の条件である。相手側が支援に対して、事業に対して、日本に対して、専門家本人に対して、また自らの社会に対してどう考えているかを、彼らの目線で理解することが必要である。そうすればどのような援助がどのように必要かはおおよそ見えてくる。学問・資料・情報だけに頼った援助手法ではうまく進まない。現場で肌で感じることで適正な援助が見えてこそ、本物の専門家といえる。

（2）民族融和だからと、特別のことを考える必要はない

　貧困対策プロジェクトと民族融和・平和構築プロジェクトでは、到達目的は異なる。しかし両プロジェクトの手法に大差はない。支援の基本は同じである。基本は彼らの希望や考えを理解し、彼らの立場で考え、真剣に誠実に行う以外に方法はない。民族融和といって特別のことを考える必要はない。一つだけ重要な相違点は、常に相互不信の強い住民を相手にしており、対応を間違うと民族問題に容易に発展するということである。この点では、貧困解消を目指す所得向上プロジェクトより、常に社会状況変化に注意を払う必要がある。

（3）現場に常駐せずに援助は不可能、自らの判断で決断

　援助は、現場の実情を専門家が中立の眼で見て判断することから始まる。現地に接して得た体験をもとに援助方針を立てる。国際世論や地域住民の意見を丸呑みにしない。地域に密着した援助機関であっても、市役所であってもその情報が正確とは限らない。自らの判断に自信を持つこと。支援事業は計画通り進まないことが多く、臨機応変の対応が求められる。その際、相手側の政府や住民の情報だけでは正確な判断はできない。最終判断は自らの眼で現場を見て決断する。我々は現場に常駐し、現地状況を把握することで適切な援助が可能になり、事業実施上で起こる民族に係る問題も早期に対処できる。現場を知ったうえで問題解決を行うことで、住民からの批判は出ない。

（4）常に現場を廻れ、新しい発見・変化は現場にある

　常に現場を観察する。人の動き・生活・作物・風景、すべての変化を見逃さない。この変化の中に支援事業実施・管理・運営へのアイデアがある。現場に出向くことで、住民の支援事業や専門家への見方にも変化が生まれる。

（5）現地の技術を活用せよ！

　地域の材料、資源、技術を最大限に利用する。途上国でも、紛争・戦争により崩壊した社会でも、技術は住民の体に残っている。まず、住民が保持している技術を利用する。新しい技術や産業の導入は、地域の復興や開発が一段落した次の段階で考えることである。地域で生産されている作物を地域の技術を利用して再開することが、紛争復旧、貧困撲滅の第一歩である。

（6）ギリギリの線での支援

　住民への最低限の直接支援を実施することで、技術や事業が広がる。釣り方を教えるだけで釣りはできない。ミミズは彼らが準備できる。しかし最低限の釣竿と糸と針は与えないと釣りは始まらない。彼らの背中を押す資金や材料の支援がない限り、事業は行えない。情報の提供とともに、彼らの背中を押す何らかの支援を要する。そこで、どの程度直接支援を行えば彼らが試みることができるか考える。つまり"ギリギリの線"の直接支援である。

（7）政府機関を最初から巻き込む

　紛争直後や途上国の政府機関が、支援事業開始時からパートナーとして機能することは難しい。しかし、ともに事業を進めるうちに理解し、社会が落ち着き政府の本来の機能を取り戻すにつれて、徐々にパートナーとして機能してくる。市役所が能力不足、機能不足だからと政府機関から距離をおき、NGOのみを利用するのは、一時的には便利であるが長期的な成果は期待できない。

（8）ドナーは問題発生時に逃げるな、誠心誠意対応しろ

　事業がうまく進まない時や新たな問題発生時には、誠心誠意対応する。

第6章　民族融和・復興支援事業を終えて

言い逃れはドナーのモラルに反する。

　我々の事業は、ドナーと受益者の間の相互信頼のもとに行われて初めて成果が現れる。単なる物資の一方的供与と考えるのであれば、相互信頼など考える必要はない。事業にリスクは伴う、当然それらを解決しながら実施される。事業の失敗も起きるが、問題発生時に逃げるのではなく可能な限り問題解決の努力を行えば、住民からの非難は起きない。むしろ困難に立ち向かったことで感謝される。問題の対処に援助機関の誠意が見られないことに住民は怒る。「受ける側の気持ちを考えること」が基本である。真摯に正直に住民と向き合わない援助であれば行うべきでない。2005年8月に始めて当地を訪問した時の「ドナーが一番嫌いだ」と言った住民の言葉が思い出される。地域住民は常に我々の行動を観察しており、その評価は案外正しいのである。普通の社会モラルがドナー側に欠如している。

（9）受益者が表わす小さな感謝、本当の成果はそこにある

　本当の成果と認めていいのは、受益者が支援への感謝の気持ちを素直に表した時である。このようなプロジェクトの成果は長く持続する。住民には援助を受けることへの悔しさ、歯痒さがあり、援助されることへの感謝の念は低い。ましてや、我々の態度や支援内容・方法によっては「我々はドナーが一番嫌いだ」との発言も生まれる。真面目に真剣に相手の立場に立って物事を考えて、彼らの要望を最大限取り入れ、たとえ小さなことでも面倒がらず支援を行えば、彼らは必ず応えてくれる。援助は机上の理論や、合理的・経済効率的思考、遠隔操作や他人任せの仕事、細部まで縛られた契約で実施できるものではない。援助事業が営利目的であれば論外である。要するに、末端の受益者が本当に必要としている支援を真剣に行うことが肝要である。相手国の要望書や国家計画からは、本当に末端受益者が必要としていることを見出すことは極めて困難である。

165

末端受益者の要望を直接聞き、現地を観察し、その中から真に必要とする支援項目を見極めて、可能性、到着点、将来性、想定される問題を的確に判断し実施することが必要である。相手側政府や関係機関からの一見大きな感謝より、末端受益者の小さな感謝の積み重ねが援助活動では最も重要な成果である。心からの感謝の気持ちが生まれなければその援助の成果は半分以下であり、事業の持続も望めない。また事業としては、満足な結果でなくとも真摯に活動していれば彼らは我々を批判しない。むしろ困難に同情して感謝する。援助の原点に返って援助の意義、成果を見直すことが必要ではないか。

（10）「生きていける」希望と方向を示すことが、民族融和の第一歩

　紛争により崩壊した自然・社会を前にして、住民は「すべてが不安」である。生活基盤は資金援助さえあれば比較的容易に復旧可能であるが、これらの復旧のみで住民の再定住は不可能である。経済的自立への不安や信頼構築への不安の解消無しに、安定した社会を取り戻すことはできない。「もう一度村で生活できる」という自信と安心を与えることが民族融和への第一歩でもある。お金でポケットがいっぱいにならずとも「何とか生活を再開できる」という安心感と自信を持たせる事業を示すことである。

エピローグ

スレブレ近況報告！

エピローグ　スレブレ近況報告！

　私は、2006年3月20日より「近況報告」と称して、月一回の頻度で事業報告やスレブレニツァでの出来事、我々の不満、意見、怒りを書き綴り、この事業に協力いただいた方に送付してきた。それが100号以上に達した。この支援事業ではいろいろなことが毎月起こり、社会にも風景にも変化があった。実は、この本も「近況報告」を読み返し、終了後5年経過した活動を思い出しつつまとめたものである。あの時こうすればよかった、彼らともっと話しあえばよかったと反省ばかりである。支援事業が終わる4カ月前の近況報告を、ここに転載して終わる。

スレブレ近況報告！

2013年7月3日　vol.24

The Project for Confidence-Building in Srebrenica on Agricultural and Rural Enterprise Development

　久々に、隠居が執筆するよ。今回半年ぶりだけど、スレブレニツァは変わった。景色も農業も人（人は少しだけど、大きな一歩）も、2006年には想像できないほどに変わった。ちょっと「蛍の光」的文章になっとるけど、11月まではプロジェクト続くので。しかし、俺たちは「終わった、終わった。満足満足」の心。今回ちょっと長いけど、必ず最後まで読んでくださいな。

　以前はワラビで覆われていたスレブレニツァで最も景色が良いと思う所。オスマッチMZのボシュニャク住人の集落。よくもまあ、こういう景色に代わったと。誰もが予想できなかった。

※

　2011年から兼務していたスリランカを6月14日の夜立ち、モルジブのマレ、トルコのイスタンブールを経由して、15日の朝ベオグラードに到着しスケラニへ向かった。約6カ月の空白であったが、スケラニに向かう山間地に入るにつれ、新緑や草地が素直に美しく感じられた。戦争で破壊されたヤシ畑や戦争後ジャングルがどんどん削られて行く昨日までのスリランカ北部と比べて、いかにこの地域の自然が恵まれているか改めて実感した。2005年8月末に初めてこの地域を訪れた時も、この自然豊かな地域に感激したが、「この環境の良い所に住みながらなぜ紛争が繰り返されるのか」という素朴な疑問が湧いてくるのも、2005年と同じである。2006年の開始当初、スイスの片田舎のような景色になればとの淡い期待感があった。もうアルプスを背景にすれば遜色ないスイスの風景である。

　今年は天候に恵まれて、ハチミツ、ラズベリー、小麦、その他すべてが順調である。2006年3月に3,000株のプラム苗の配布が最初の事業であったが、8年目にして、プロジェクト終了に間に合わせるかのようにたわわな実をつけ、今年から本格的な収穫ができる。またジャガイモ、タマネ

ギ、インゲン豆、ソバの種子や種芋は、この2〜3年支援を行っていない
にも関わらず各地で栽培されて、販売を見込んだ広い面積が知らないうち
に広がっている。栗やローズヒップのようにすでに忘れ去られたような果樹も
しっかりと山間に根づいて、この秋には実を付ける。養蜂、ラズベリー、
温室野菜、イチゴ、牧草は普通の景色になり、各地で羊2〜3頭の「散在」
ではなく「羊の群れ」が見られるようになり、以前は放置されていた牧草
地は羊が入り込まないように柵で囲われて「管理」されるようになった。こ
れも昨年までは見られなかった光景である。各地の灌漑と飲料用の水道
工事は規模が大きくなり、50〜100mの谷底から集落の一番高い所まで
ポンプで揚げて各家庭へ送水する。この間0.5〜1kmになる。この作業
は受益者全員で行い、我々は材料提供だけである。想像を超える作業を
彼らは行っている。設置箇所は20カ所を超えるが、水道はすべて利用さ
れている。今年はプロジェクト事業がすべて花開いた。そして、これから
も毎年花は拡大して行くことを、今年の結果から確信した。本当にプロジェ
クト最終年にきれいに開花した。

※

　地域のラズベリー生産を見越してスケラニにラズベリー冷凍加工場が作
られ、今年から地域の実の集荷が始まっている。この加工場は協同組
合方式で設置運営されているが、この中心人物はスケラニ唯一の金物屋
の主人のブラゴミールで、プロジェクトの材料の多くはここから購入してい
た。彼もJICAが積極的にラズベリーを支援していなかったら加工場はでき
なかったと言う。我々が支払ったお金が、加工場に代わりスケラニのラズ
ベリー生産を助けるのである。プロジェクト開始時に最も心配だったのが全
生産物の売り先であった。ところがプロジェクト開始当初から売り先で困っ
たことはない。これはうれしい誤算であった。
　しかし、すべての事業が成功ではない。特に設備関係の事業では明
暗が分かれた。ハーブ乾燥場は毎春に稼働して、業者ニンニクやラベン

ダーの乾燥や精油の抽出が行われている。家畜飼料加工生産場は思わぬ遺跡の発掘現場と重なったことから取り壊しとなり、家畜市場は豪雪により屋根が潰された。しかし閉鎖の一番の要因は担当NGOの能力不足である。羊の数が飛躍的に増えていることから、家畜市場は近い将来、市役所により建て直され再開されることを期待したい。農業機械に関する事業も、当初計画した共同利用からは程遠い形であるが農機は活躍している。

※

　10のNGOが参加したが、事業の終了に伴い去り、今では1NGOが続いている。プロジェクト当初の近況に、私は、「この地域のNGOは名ばかりで、紛争を利用した金もうけ。会社を設立したいが資金がないためにNGOを設立している。ボランティア意識など微塵もない」と報告している。NGOが育っていないという批判があれば、その通り。自らの生活に不安がある人々が無償で人助けできるはずがないと断言する。世界中どこの国でも同じであるが、金銭関係、利害関係なしの住民は実に良い連中ばかりである。ここに1ユーロでもお金が入ると人が変わるのである。しかし今のスレブレニツァの風景、農業、住民の笑顔は、NGOと市役所と我々の合作であることは確かである。NGOに入れ替わって、市役所の関与が大きくなり、今では市が事業を実施している部分が大きくなった。しかし市役所の関与が大きくなるとそれに群がる政治家の関心も大きくなり、事業への無理難題を市に押しつけてくるのである。いまはこの段階である。過去8年を振り返り、天候に恵まれて豊作であったのは4回と記憶している。いつも春先の冷たい長雨や夏の干ばつの被害を受けるのである。このことから安定した農業が確立されたとはまだ言い難い。しかし、プロジェクト最終年が豊作で終わることはうれしい。スレブレニツァの農業は確かに復興し、バルカンの普通の農村に戻った。最初から担当していた者として、「もう十分に復興して発展の段階に入っただろう」と自信を持って言える。いや「なん

でここまで進んじゃったの？半分奇跡だな」と思っている。「これらの変化はJICA事業による」とハッキリ断言する住民もいるが、私もそう思う。11月に終わることに全く悔いはない。

※

　プロジェクトの5年間に石川、山岸という若い専門家が長期に参加した。両者ともこの事業をよく理解して積極的に活動した。二人ともに農業は初めてでトマトの苗を見て「これ何ですか？」と言っていたが、彼らは自ら温室を建てて、大家のおじいさんと一緒に学びながら、トマトや他の野菜も栽培できるようになった。ラズベリーの収穫時には、早朝から周囲の農家の摘み取りを手伝っている。こういう積極さ、好奇心が重要である。本当に専門家に恵まれた。もう一人、幼稚園を立ち上げた短期専門家の桜井の影響はまだ幼稚園に強く残っている。加えて、プロジェクト当初からプロジェクトマネージャのミチョ、アシスタントのベスナの存在は大きい。私はアイデアと方向を決めただけで、実質の仕事は彼らが行ったのである。もっと支援を行えば、もっと伸びる余地はある。まだこの結果が周辺の市まで波及はしていない。波及していない理由は技術や手法が合わないのではなく、資金がないことである。周辺の市からの要望は強い。しかし途上国とは言えない、もはや紛争の後始末とも言えないこの地域でこれ以上の支援を行うべきか考えることである。

※

　一方住民社会に目を向けると、相変わらず一部の政治家や各ドナーの思惑がうごめいており、「やっぱり人は変わらんな」と実感した。世界でも稀な自然環境に住みながら、これほどに人の心が荒んでいるのか情けなくも思う。大騒ぎの中でトルコの支援で始まった牛乳生産者は分裂し、この小さなスケラニの集落で牛乳集荷場を、道を隔て2カ所開いている。彼らは5〜7頭の乳牛の支援を受けた運が良かった連中である。しかし結局、お金の問題と政治で分裂である。ここに民族は関係ない、すべて金

銭打算で動いている。市役所も自立の気運はなく、9月にドナー会議を開き各MZに各国のスポンサーがつくように仕掛けようと、スケラニでも市長は住民と作戦会議を行っている。JICAが抜けた後を引き継いで実施を考えているドナーも複数いる。我々は政治家の要望は一切受けつけずに事業を行ってきた。JICAは彼らにとってメリットのあるドナーではなかった。市会議員は我々が配布したラズベリー農家へ後日人を送って「このラズベリーは市議会議員さんのお陰だ」と宣伝しているようである。11月にプロジェクトが終わると見込んでか、その勇み足で本性を曝け出したのが幼稚園の先生人事への介入である。しかし政治家の思惑通りにはならず、住民の反感に会って立場を一層悪くしている。以前であれば泣き寝入りに終わったような先生の人事に、住民が反抗して園児を連れてこず、署名まで集めて市へ抗議するという行動に出るようになったのは、明らかに住民の意識変化であろう。とても2006年頃には考えられない行動である。スケラニの3人の先生たちは、幼稚園のこの4年間の記録の作成に取りかかっている。住民の意識は大分変化したが、政治家は変わっていない。いまだに「political、political」と言えば住民は黙って従うと思い込んでいる。

以下の写真は2013年6月のスレブレニツァ

（左）2007年11月にワラビの群生を耕して牧草を播く、（右）2013年6月（矢印は同じ木）

エピローグ　スレブレ近況報告！

　約40～50%牧草地は蘇ったと思うが、まだ多くのワラビの群生地が残っている。帰還しない住民の土地である。彼らが戻らない限り牧草再生も限界であろう。

この景色も普通になった。牧草の刈り取りとパッキング

　当初の牧草は販売を目指した。サラエボの動物園の象の餌の話もあった。「象は不在です」と真面目な回答が大使館からあった。羊が増えて

道を遮断するほどになった。こういう光景は今年が初めて。羊が増えるのは、牧草が蘇ったことと新品種の羊を入れたから。本当に羊がこれほどに増えるとは開始当初は考えられなかった。あくまでも牧草の販売しか考えていなかった。

2006年3月に3,000株のプラムを植えた。2013年6月にいっぱい実を付けるようになった。

長さ20m近くの温室を建てるまでになった。雨除けのビニールを用いることでイチゴ、トマト、ピーマンができるようになった。この雨除けビニールが唯一俺の技術移転。他の技術は全部地域の技術。

エピローグ　スレブレ近況報告！

　ラズベリーが蘇ったことで、収入が断然増えた。この男の子、2006年には俺の腰ぐらいだった背丈が、俺より20cmも高くなった。これからはお前たちの時代だ。親たちのように戦争するなよ。

　養蜂も普通の風景。この家族は160箱で一回目が600kg収穫。3.5ユーロ/kgで販売。今が2回目の蜜採集。

　イタリアの豆と言って入れた新品種のインゲン豆は、担当したNGOの名をとって「エコグラディナの豆」と名がついた。今では地域の主品種になっている。これを熱心に普及していたNGO責任者ラデが、最近、心臓まひか脳溢血で急死した。まだ50代であった。本当に良い奴であった。本当に気の毒である。哀悼。

　酒とたばこの毎日の連中が多い。コストロムッチのMZ代表は調査団が来ると必ずインタビューを受けていた奴。実に良い奴でMZの運営も熱心であった。しかし喉にポリープができてバンニャルーカの病院で手術できず、

ベオグラートに廻されたと言う。両者共に酒とたばこが原因なのは明らか。これをやらないとやりきれない社会だからであろう。コストロムッチの代表は何とか生きてほしい。声帯なくしても生きてほしい。

　水道タンクにJICAロゴと喜ぶおばちゃん。我々の事業でJICAロゴを貼って宣伝したのは、水道事業が唯一。20カ所に貼る。我々が宣伝しなくても住民から宣伝されることの方が影響力が大きい。我々が宣伝しないと伝わらないのでは恥ずかしい。

普及できなかったと半分あきらめていたタマネギ、ジャガイモ、ソバ、が販売目的の面積で多くの農家で栽培されている。これもびっくり。確実に定着した。

ほぼ完全に忘れていた栗とローズヒップ。忘れられてもたくましく生きている。今年は実を付ける。ラベンダーも生きているが、ミントや他のハーブは消えた。そのほか、ヘーゼルナッツ、日本アカシアも育っている。ブルーベリーは土地が合わないのか難しいが、住民は諦めず世話をしている。

※

#黙祷／スケラニの良い奴らのご冥福を祈って

憎まれっ子世に憚るとはスレブレニツァにも当てはまる。NGO Gradinaのラデは2012年に脳溢血で亡くなった。スケラニの金物屋の親父のブラゴミール、コストロムッチMZの代表のミロミールも、我々が帰国後に脳溢血や癌で亡くなった。みんな朝から酒を飲んでいた。ブラゴミールは商品仕入れに行く時には、農家の生産した野菜を町の市場へ運んでくれた。ミロミールは村の橋の改修を引き受けてくれ、1週間で完成させた。ラデはインゲン豆をスレブレニツァへ普及し「エコグラディナの豆」という名前を残した。羊をブルチコから運んでくれたスレブレニツァの肉屋のオヤジも、突然脳溢血で亡くなった。みんな60歳以下である。良い奴ほど早く亡くなる。

スレブレニツァの街もきれいになった。

2007年7月　　これも年取った　　2013年6月

 ここから、極楽トンボが飛び立つ直前の報告から抜粋

2013年6月30日

山岸　真希

　スレブレニツァにおける3年間は、NGOや住民からの圧力との精神戦に明け暮れた。地域にとって大きすぎる大泉専門家の存在とその残した成果の後に、支援規模を縮小し、市役所へ実施をハンドオーバーしながら継続していかなければならなかったからである。ただ、窓口を市役所へ一

本化したことで、市役所関係者はいよいよ出番がきたと意気に感じてか、常に我々側に立ち事業に携わってくれた。

　当初は、「もう支援はない」と言って住民を追い返した後、事業を放棄されたらどうしようという不安もあった。だが3カ月、半年、1年経って漸く「これ以上何も引き出せない」と、自ら投資を開始する住民の姿が見られるようになった。ほとんどの陳情の常連が諦めて次の一歩を踏み出したのに対し、未だに養蜂組合はじーっと支援が降ってくるのを待っている。投入された機材を溜め込んで何もしない。背中を押してはみたが、組合のお金が紛失し、その後の支援は中止した。養蜂は将来性のある事業であり、彼らが次の一歩を踏み出せば、支援を再開する資金は積んではあるが、プロジェクト終了までに何かが動くかどうか。我慢比べになりそうだ。

※

　ハーブ事業を始めたNGO Podrinjelの支援を中断したことへの反応は凄まじく、市役所への苦情電話、プロジェクトへの直談判、貼り紙などの脅しが1年以上続いた。最近では3月に事務所へやってきて、「大使館に苦情を申し出る」と言っていた。しかしおかげで、そのNGOは誰からの投入もなく事業を自立させるに至った。成果品を持って来てくれた時はとても感激したが、最近になって他の支援を取りつけ、また自発的な活動を中断してしまった。

　地域の政治家たちは手強い。蔑ろにすると事業の実施を阻止されかねないし、また近づき過ぎると利用される。プロジェクトでは彼らの圧力を排除して事業を運営してきたが、よくよく聞いてみると、プロジェクトで資材を投入した際、「それは○○政治家の支援だ」と言っておつきが受益者宅を巡回していたとか。そこで利益を得ていたから事業にも干渉せず黙って見ていたということだったのであろうか。本来、プロジェクトは政治家を相手とするものではないのだろうが、政治家が市役所を握っているような地域の場合、その距離の取り方が難しくまた重要なのだと学んだ。ボスニア系の

若い市長は、若く野心がある。しかし年寄政治家や地域の有力者に翻弄されず、しばしば難しい立場に立たされている。最近になって、市長が本音を漏らしてくれるのは、偶然の立ち話においてだけだということに気づいた。彼自身の周辺にいる有象無象の人間も信頼できない状況にいるのであろう。また、いつも我々に同行しているセルビア系のベスナに対する警戒心もあったに違いない。もし後続の案件があるのだとしたら、市長目線に立ち、これまでのプロジェクト成果を利用しながら、一緒に地域の発展と安定に貢献していけるようなプロジェクトになって欲しいと願う。一人の人間に賭けるわけではないが、地域を変えられるのは一人の勇気ある人間の行動であることもまた事実であろう。

　この8年間地域の発展をリードしてきたのが大泉専門家であったとしたら、次は現地の誰かであって欲しいと願う。

　スレブレニツァの将来に期待して。

うん。あなたにとっても面白かったのと違うか?? こういう変人奇人が8年も動かしてきたプロジェクトで、良くも悪くも経験だったろうな。その若さで90%はやりたい放題だったろ?? 特にこの半年は良かっただろ。もう何所へ飛んで行っても良いぞ。帰ってくることないぞ——

そうですね。貴重な経験をさせてもらいました。この自由度はご隠居が盾として存在しているから、っていうのも大きいですからね。今後そんな機会が巡ってくるかどうか。頑張ります。初めはそんなにうまくいっているプロジェクトがあるなら見せて欲しい、と思って赴任しましたが、本当にうまくいっていてびっくりしました。何がと言われると、職人業ですね。弟子入りできてラッキーでした。

今の市役所というかスレブレニツァは、両民族問題や紛争の傷跡が発展の障害ではすでにないのだ。いまだに民族問題

を引きずり出し、適当なドナーと組んで利益を得ようとする輩が足を引っ張っているのだよ。市役所の個々の職員は能力あるけど、政治家が彼らの能力発揮を阻害しているのだよ。しかし今回の幼稚園騒動のように、住民は少しずつだけど変化している。以前は「物を貰って生きて行く」段階だったから、政治家に従わざるを得なかった。しかし、今は自ら収益を得るようになった。経済自立ができてきたから、政治家に頼ることも少なくなったので、幼稚園騒動が起きたのだよ。まあこの流れは止まらず、自然に政治家の影響は少なくなっていくと思うな。それにつれて、普通のバルカンの片田舎になるよ。しかし両民族の意識は絶対に完全に消えないので、暗黙の棲み分けの中で生きて行くよ。これが勃発することは十分に考えられる。経済格差への不満が溜まって、何かのきっかけで勃発しないことを祈るだけだよ。

付 記

JICA研究所

伏見　勝利

スレブレニツァの虐殺

　かつてユーゴスラビアの一共和国であったボスニア・ヘルツェゴビナ（以下ボスニア）には、カトリックのクロアチア住民、正教徒のセルビア住民、そしてムスリムのボシュニャク住民の3民族が共存しており、多民族共存国家のモデルといわれた。しかし、1991年のユーゴスラビア解体にともない、クロアチア住民とボシュニャク住民が一方的に独立を宣言。反対するセルビア住民との間に衝突が起き軍事紛争に発展、全土で戦闘が繰り広げられた。

　ボスニア紛争は、1992年から1995年まで3年半以上続き、死者約27万人、難民・避難民250万人が発生したとされる。第二次世界大戦後の欧州で最悪ともいわれるこの紛争では、女性への性的暴行や強制出産が攻撃の手段として用いられ、ある民族集団が別の民族集団を殺害するなどして強制的に地域から排除する「民族浄化」が行われた。紛争勃発当初は、クロアチア住民とボシュニャク住民対セルビア住民との争いだったが、地域によってクロアチア住民が、またはボシュニャク住民が他の2民族の標的となり、文字通り三つ巴の争いとなった。クロアチア本国がクロアチア住民を、セルビア本国がセルビア住民、そして中東イスラム社会がボシュニャク住民を軍事支援したことで、紛争が更に激化、長期化した。

　そしてボスニア紛争において最大の悲劇が起こった。「スレブレニツァの虐殺」である。これは1995年7月、ボスニア東部のスレブレニツァで発生したセルビア軍隊による8,000名ともいわれるボシュニャク住民の大量虐殺である。この虐殺について少し説明しよう。虐殺があったスレブレニツァ市は、ボスニアの東端にあり、ドリナ川を挟んでセルビアと対峙する。ボスニ

ア紛争が勃発した当時、同市には約3万6,000人の住民が住んでいた。セルビアに物理的に近いことから周辺地域はセルビア住民が大半を占めていたが、スレブレニツァ市ではボシュニャク住民が人口の約75%を占めていた。ボシュニャク住民の「飛び地」だったスレブレニツァが、紛争勃発後の早い段階でセルビア軍隊に包囲されるようになったのは想像に難くない。国際社会が介入し、1993年に国連の安全保障理事会の決議によりスレブレニツァは「安全地帯」として指定された。オランダ軍を主とする国連平和維持軍がスレブレニツァに駐留し、そこではいかなる軍事的行動も認めないとされた。周辺地域にいたボシュニャク住民はこの「安全地帯」に逃げ込んだ。しかし、人数も軍事力も圧倒的に劣る国連平和維持軍は、セルビア軍隊の侵攻を防げず、スレブレニツァはセルビア軍隊の手に落ちた。ボシュニャク住民は男性と女性に分けられ、男性は連行され、数箇所に分けられて拘留、そして順次殺害された。「安全地帯」に逃げ込んだがため、多くのボシュニャク住民が虐殺されることになったのだ。

JICAの復興支援

　国際社会の仲介により、1995年12月に和平一般枠組み合意が成立し、ようやく戦闘は終結した。解決策は、中央政府の下に異なる民族で構成される二つの「国家内国家」を併存させることだった。片方の「国家内国家」であるボスニア・ヘルツェゴビナ連邦（以下ボスニア連邦）はボシュニャク住民とクロアチア住民が構成し、もう片方の「国家内国家」のスルプスカ共和国はセルビア住民が構成した。紛争前はボシュニャク住民が大半を占めていたスレブレニツァ市は、セルビア住民の「国家内国家」

であるスルプスカ共和国側に含まれた。

　国際社会は、軍事面と民政面の両輪でボスニアの復興を支援した。軍事面では治安維持、そして民生面では、政治・憲法機関の確立、人権尊重、難民・避難民の帰還促進、自由で公正な選挙の実施、インフラ整備、経済再建に協力した。日本も国際社会の一員として同国の安定化に貢献することが求められ、主として民生面で協力することになった。JICAも1996年にボスニアの復興支援に向けて調査を開始した。紛争による物理的なダメージや安全管理面での制限が大きかったこともあり、1990年代は公共バスや送電線の復旧、一次医療施設医療機材の整備等ハード面を対象とした無償資金協力が多かった。2000年になると開発調査や専門家派遣、技術協力プロジェクトといったソフト面での協力も始まった。

　紛争終結後、時間が経つにつれ、全ボスニアの人口の半数を占めた難民・国内避難民の帰還も進んだ。約250万人いた難民・避難民の内約100万人が2004年8月までに帰還したといわれる。しかしボスニア連邦と比較すると、スルプスカ共和国への帰還は1/3程度と少なかった。これは、スルプスカ共和国におけるセルビア住民以外の民族の人権問題や人種差別が帰還を阻害していたからともいわれている。特に虐殺のあったスレブレニツァ市では、ボシュニャク住民の帰還は進まなかった。

　そのような中、元国連難民高等弁務官であった緒方貞子氏が2003年10月にJICA理事長に着任し、人間の安全保障がJICAの協力理念の中核を成すようになった。そうした機運が後押しとなり、JICAにおける対ボスニア協力の司令塔である中東・欧州部は、2004年以降複数の調査団を

ボスニアに派遣し、人間の安全保障、特に同国のみならず地域の安定に不可欠な「民族融和」に資するプロジェクトの形成を試みた。調査団には橋本国際協力専門員を筆頭に、国連難民高等弁務官事務所職員、コンサルタント、中東・欧州部、農村開発部、JICAオーストリア事務所の職員が参画した。折しも2004年6月に、スルプスカ共和国がそれまで否定していたスレブレニツァの虐殺の事実を認めたことにより、スレブレニツァ市も民族融和案件の候補地の一つとなった。そして、調査団も幾度となくスレブレニツァ市を訪れるようになった。

　徐々にではあるが、JICAは支援対象地域を絞り込み、2004年の秋頃には、スレブレニツァ市を構成する19のMZ（ローカル・コミュニティ）の一つであるスケラニMZをプロジェクトサイトの候補とした。理由は、同MZには他ドナーの支援が少なかったこと、JICAの事業パートナーとなりうる民族混在のNGOが存在したこと、そしてボシュニャク住民の帰還促進の余地があることであった。

真の狙いは民族融和にある

　スケラニMZはスレブレニツァ市の東端に位置する。スレブレニツァ市を成す19MZでは最大で、約10の村落とドリナ川沿いにある中心街で構成される。ドリナ川はボスニアとセルビアとの国境になっており、スケラニからドリナ川を超えると、直ぐそこはバイナバシュタというセルビアの地方都市だ。紛争前、スケラニMZには約4,300名程度の住民がおり、2,800名がボシュニャク住民、1,300名がセルビア住民だったといわれる。公式な統計はな

いが、2004年同時のスケラニMZには1,000 ～ 1,500名が住んでいた。大半がセルビア住民でボシュニャク住民は10%程度と想定された。2004年当時は、スケラニMZの行政はセルビア住民のみで運営されていた。

　プロジェクトの対象地域はスケラニMZに絞られてきた。ただし、肝心の協力内容については、「帰還民や地域住民の生計向上のために山間地農業を支援する」という柱は立ったが、どうやって支援するかが決まらなかった。当初はコミュニティ支援を想定したが、自治組織があまりにも脆弱であったため断念した。それでも粗々だが「スケラニMZを対象に、限られた範囲でのモデル農業や地域を選定し、専門家がローカルリソースを活用しつつ帰還民を含む村落住民に農業技術支援を行い、他地域にも波及させる」というイメージは形成されつつあった。

　2005年春に、再度調査団がスケラニMZに派遣され、詳細なプロジェクト設計を試みた。肝心の協力内容については、山間地農業の支援案を検討したが、山道は未舗装のため、農産物の市場への出荷ができる状態ではなかった。山間地農業に着手する前に、復興に向けてのインフラ整備が必要であり、この地域の農業全体の将来像を示すマスタープランをまず策定すべきだ、という意見も調査団内から出された。農業技術の支援を現地住民に提案しても、住民からは「技術支援は要らない。資金だけくれれば、自分たちで何でもきる」と言い返され、議論が先に進まなかった。JICAは技術支援をする組織であり、JICAは財政支援する組織ではない、といった考えが、むしろ常識破りの発想を抑制させてしまったのかもしれない。それでも調査団は現地住民を集めたワークショップ、現地NGO

を使った住民からのニーズや全戸現状調査（150程度）、産業状況調査を続け、スケラニMZの住民の状況や関心が徐々ではあるが明らかになってきた。

　JICAの真の狙いは「民族融和」にあった。しかし、これを農業や農村開発を通じてどのように達成していくのか、という課題が巨大な壁となってたちはだかった。紛争終結後10年に満たず、ボシュニャク住民大量虐殺という紛争の爪痕が根深く残るスレブレニツァ市では、難民・国内避難民の帰還すら不十分であり、民族融和を現地住民に慫慂することはタブーであった。紛争当事者でない外部の我々には理解し難い状況があまりにも多かったし、国連を始めとする他ドナーの動きも早く、現地政治家の言動により現地の情勢もネコの目のように変化した。ようやく調査団がプロジェクトの骨格を作り上げても、次の調査が入った時にはすでに状況が一変し、プロジェクト案は使い物にならなくなっていた。従来の開発とは異なる復興支援だと頭では理解していても体制が伴わなかった。まさしく砂の城を作っては波に浚われることの繰り返しであった。調査団の受入を担当していたボスニア政府関係者もしびれを切らし「いつになったらJICAは協力を開始するのだ」と我々を責め始めた。

型破り専門家登場

　ちょうどその頃、ネパールでの青年海外協力隊員経験、JICAの専門家としては、ネパール、タイ、フィジー、スリランカ、フィリピン、インドネシア等で当時すでに約25年の現場経験があった大泉さんがフィリピンから日本

に帰国したところであった。同氏の過去の活動を長く見てきた当時のJICA農村開発部長の推薦により、急遽同氏がプロジェクト形成に参加することになり、スレブレニツァを訪問した。2005年夏のことである。案件形成に四苦八苦していた我々は、アジアの経験しかなく、複雑なボスニア情勢をよく理解しない専門家がたった一人で短期間現場に乗り込んだところで、何か状況が変わるものとは思っていなかった。大泉さんのあまりにストレートなものの言い方や、現地関係者から詳細に聞き取るわけでもなく、対象地域を観察しているだけの調査のやり方が非効率にも思えた。

　だが大泉さんは、2週間という短期滞在にもかかわらず、農業振興を通じた民族間の信頼醸成を促進する様々な事業を提案した。当時オーストリア事務所員だった私の追想である。

　「通常我々は、プロジェクトを開始する前に詳細な『青写真』を描くことが成功の秘訣だと考える。また、我々は協力の持続性を確保するため、必ず現地の公的組織を通じた現地住民への裨益を考える。しかし大泉さんは違った。まず小さな事業を試験的に始め、試行錯誤を繰り返しながら成功を積み重ね、解決策に至る『青写真』は最後につくり上げたし、住民への直接裨益を重視するなど型破りな発想だった。型破りといえば、こんなことがあった。年度末に突然2トン規模のハーブ乾燥場が必要だと申請があり、対応に苦慮したが、現地業者とやりあい、なんとか完成させた。また、同氏の活動視察のため現場を訪問したところ、ハーブ加工場までのアクセス道路ができていた。道路を整備する話など聞いていなかったので、問いただしてみたら『材料だけ調達し、道路は住民に作らせた』と

いう。技術協力でインフラまで整備してしまう発想に驚嘆した」。

　本プロジェクト・ヒストリーは、2005年夏にスケラニMZで始まったJICAのスレブレニツァでの協力の現場で日々起きた出来事を、大泉さんの視点で描いたものである。このスケラニMZで始まったプロジェクトは、大泉さんが専門家であった2008年秋までにスレブレニツァ市を構成する19MZ中6MZに広がり、後続の技術協力プロジェクト（2008年9月〜2011年9月）では新たに6MZを加えて12MZに、そして同プロジェクトの延長期間中（2011年9月〜2013年11月）に19MZ、つまりスレブレニツァ全市に拡大した。その後、それまでの成果を近隣都市に普及させるため別の技術協力プロジェクト（2014年1月〜2017年3月）が立ち上がり、スレブレニツァ市に加え、ブラトナッツ市とロガティツァ市にも事業が拡大した。なお、本プロジェクトヒストリーは、大泉さんが活躍した2005年8月から2013年11月までを対象としている。

あとがき

元JICA中東欧州部長

中川　寛章

　JICAが平和構築に本格的に取り組み始めたのは、東チモールやアフガニスタンに対する復興支援が最初である。それ以前にも、カンボジアやパレスチナに対する支援の実績はあるが、平和構築という新たな概念のもとで復興や和平の実現に取り組んだのは2000年に入ってからである。以降、国際的な枠組みの中でイラクやスーダン、ネパール、フィリピン（ミンダナオ）などへの支援を行い、それにともなって平和構築に対する考え方や実施体制が徐々に整備された。今や平和構築はJICAにとって当たり前の事業となっている。

　さて、ボスニア・ヘルツェゴビナはどうであっただろうか。1995年のデイトン合意後、国際機関やNGO、イスラム団体等によって国際的な支援が行われていたものの、住宅再建が遅れていたこともあり、難民避難民の帰還は思うようには進んでいなかった。風光明媚な山あいの国でありながら、依然、農地は荒れ果て、荒廃した家々が点在する荒涼とした風景が広がっていた。難民避難民の収容施設では年老いた人達であふれていた。2000年に入って、ようやくボシュニャク住民の帰還が本格化し始めたが、一方では国際社会による緊急支援のステージは終了段階を迎え、一部の国際機関やNGOは一定の役割を終えたとして撤退の動きを見せていた。つまり、帰還民が経済的に自立し、紛争前の姿を取り戻せるような支援（開発支援）へと移行する時期にあった。

　2005年の夏、大泉さんは初めてボスニア・ヘルツェゴビナを訪問し、複雑な経緯をもつ土地と人が入り混じる中で8年間の物語が始まることになった。この地では通常の技術協力で重視される行政機関が十分に機能し

ていなかったこともあり、直接、帰還民に働きかけるアプローチをとっていた。現地に住み込み、住民と一緒に生活しながら、彼らのニーズを形に変えていくという地道な取り組みが続いた。民族和解という重い課題に対する決まった処方箋はないが、この地での活動を重ねるうち、大泉さんが語る言葉はその前提となる信頼の気持ちをもって迎えられるようになったに違いない。

　この当時、人間の安全保障という考え方が日本の援助理念の一つに据えられていた。国家としての形が十分整っていないボスニア・ヘルツェゴビナにあって、帰還民個人の能力を促し、経済的自立に向けて直接働きかけるとともに、コミュニティを再生していくこのプロジェクトは、人間の安全保障の考え方に沿ったものといえる。しかし、大泉さんはそれを大きく意識することなく、いつもの技術協力に邁進していたのではないかと私には思える。欧米とは異なり、もともと日本の技術協力には人間の安全保障につながる考え方やアプローチが備わっている。彼は、スレブレニツァという象徴的な地において、そのことを見事に示してしてくれた。

参考文献・資料

JICA中東・欧州部、2004、ボスニア・ヘルツェゴビナ人間の安全保障・平和の定着プロジェクト形成調査報告書

略語一覧

JICA	Japan International Cooperation Agency（国際協力機構）
MZ	Mjesna Zajednica（ローカル・コミュニティ＝地区）
NGO	Non-Governmental Organizations（非政府組織）
UNDP	United Nations Development Programme（国連開発計画）
UNHCR	Office of the United Nations High Commissioner for Refugees（国連難民高等弁務官事務所）

※本書に関連する写真・資料の一部は、独立行政法人国際協力機構（JICA）のホームページ「JICAプロジェクト・ヒストリー・ミュージアム」で閲覧できます。
URLはこちら：
　https://libportal.jica.go.jp/library/public/ProjectHistory/
　PeaceinBosniaherzegovina/PeaceinBosniaherzegovina-p.html

[著者]

大泉　泰雅（おおいずみ　やすまさ）

　1950年三重県生まれ。1975年に青年海外協力隊員としてネパールに派遣され、1981年までシニア隊員、農業普及専門家としてネパールで活動。その後、タイ、フィジー、スリランカ、フィリピン、インドネシアで農業プロジェクトの業務調整員を務める。2004年、第1回JICA理事長表彰を受賞。「帰還民を含めた住民自立支援プロジェクト」は、2007年スレブレニツァ市から特別功労表彰を受けた。

これで子や孫までスレブレニツァで また暮らせる。ありがとう。

ボスニア紛争悲劇の街、復興支援の記録

2019年8月26日　　第1刷発行

著　者：大泉 泰雅

発行所：佐伯印刷株式会社　出版事業部
　　　　〒151-0051 東京都渋谷区千駄ヶ谷5-29-7
　　　　TEL 03-5368-4301
　　　　FAX 03-5368-4380

編集・印刷・製本：佐伯印刷株式会社

ISBN978-4-905428-99-2　Printed in Japan
落丁・乱丁はお取り替えいたします

既 刊 書

㉓ スポーツを通じた平和と結束
南スーダン独立後初の全国スポーツ大会とオリンピック参加の記録 ⋯⋯⋯⋯⋯⋯⋯ 古川 光明

オムニバスヒストリー
㉒ パラグアイの発展を支える日本人移住者
大豆輸出世界4位への功績と産業多角化への新たな取組み
⋯⋯⋯⋯⋯⋯⋯⋯⋯⋯⋯⋯⋯⋯⋯ 北中 真人・藤城 一雄・細野 昭雄・伊藤 圭介

㉑ 僕の名前はアリガトウ
太平洋廃棄物広域協力の航跡 ⋯⋯⋯⋯⋯⋯⋯⋯⋯⋯⋯⋯⋯⋯⋯⋯⋯⋯⋯⋯⋯⋯⋯ 天野 史郎

ヒューマンヒストリー
㉚ マダム、これが俺たちのメトロだ!
インドで地下鉄整備に挑む女性土木技術者の奮闘記 ⋯⋯⋯⋯⋯⋯⋯⋯⋯⋯⋯⋯ 阿部 玲子

⑲ 屋根もない、家もない、でも、希望を胸に
フィリピン巨大台風ヨランダからの復興 ⋯⋯⋯⋯⋯⋯⋯⋯⋯⋯⋯ 見宮 美早・平林 淳利

⑱ タイの新しい地平を拓いた挑戦
東部臨海開発計画とテクノクラート群像 ⋯⋯⋯⋯⋯⋯⋯⋯⋯⋯⋯⋯⋯⋯⋯⋯⋯ 下村 恭民

⑰ クリーンダッカ・プロジェクト
ゴミ問題への取り組みがもたらした社会変容の記録 ⋯⋯⋯⋯⋯⋯⋯ 石井 明男・眞田 明子

⑯ 中米の子どもたちに算数・数学の学力向上を
教科書開発を通じた国際協力30年の軌跡 ⋯⋯⋯⋯⋯⋯⋯⋯⋯⋯⋯⋯⋯⋯⋯⋯ 西方 憲広

⑮ 地方からの国づくり
自治体間協力にかけた日本とタイの15年間の挑戦 ⋯⋯⋯ 平山 修一・永井 史男・木全 洋一郎

⑭ 未来をひらく道
ネパール・シンズリ道路40年の歴史をたどる ⋯⋯⋯⋯⋯⋯⋯⋯⋯⋯⋯⋯⋯⋯⋯⋯ 亀井 温子

⑬ プノンペンの奇跡
世界を驚かせたカンボジアの水道改革 ⋯⋯⋯⋯⋯⋯⋯⋯⋯⋯⋯⋯ 鈴木 康次郎・桑島 京子

⑫ いのちの水をバングラデシュに
砒素がくれた贈りもの ⋯⋯⋯⋯⋯⋯⋯⋯⋯⋯⋯⋯⋯⋯⋯⋯⋯⋯⋯⋯⋯⋯⋯⋯⋯⋯ 川原 一之

⑪ 森は消えてしまうのか?
エチオピア最後の原生林保全に挑んだ人々の記録 ⋯⋯⋯⋯⋯⋯⋯⋯⋯⋯⋯⋯⋯ 松見 靖子
プロジェクト・エスノグラフィー

⑩ ジャカルタ漁港物語
ともに歩んだ40年 ⋯⋯⋯⋯⋯⋯⋯⋯⋯⋯⋯⋯⋯⋯⋯⋯⋯⋯⋯⋯⋯⋯⋯⋯⋯⋯⋯ 折下 定夫

⑨ ぼくらの村からポリオが消えた
中国・山東省発「科学的現場主義」の国際協力 ⋯⋯⋯⋯⋯⋯⋯⋯⋯⋯⋯⋯⋯⋯⋯ 岡田 実

⑧ アフリカ紛争国スーダンの復興にかける
復興支援1500日の記録 ⋯⋯⋯⋯⋯⋯⋯⋯⋯⋯⋯⋯⋯⋯⋯⋯⋯⋯⋯⋯⋯⋯⋯⋯ 宍戸 健一